Strick-Lieblinge für deinen HUND

Stina Tiselius

Strick-Lieblinge für deinen HUND

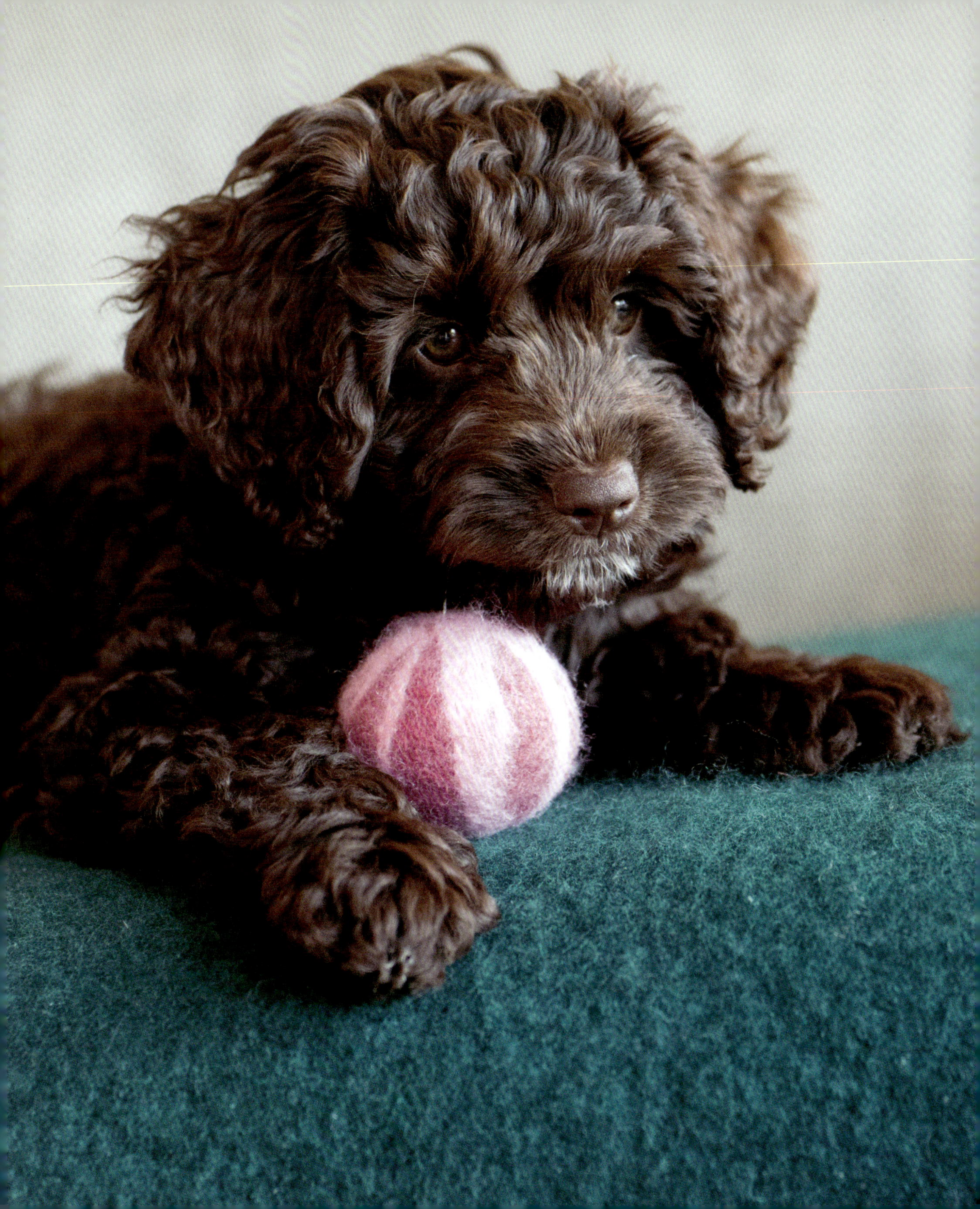

Inhalt

Vorwort

Ich bin die stolze Tante von Kirro und Darki, zwei fantastischen finnischen Lapphunden. Ich liebe sie von ganzem Herzen und wenn wir zusammen sind, verwöhne ich sie auf jede erdenkliche Weise. Mit Toben, Spielen, Leckereien und mit viel Kuscheln. Ihr Frauchen und ich reden lange darüber, was sie so wunderbar macht, über ihre Persönlichkeiten und Besonderheiten. Darüber, was sie gerne spielen und wie sie mit ihren Spielsachen spielen.

Denn es ist einfach so, dass dein Hund einzigartig ist! Es gibt niemanden, der so niedlich ist, so wunderbar unwiderstehlich und herrlich, wie dein eigener Vierbeiner.

In diesem Buch findest du Modelle, die Euch das Zusammensein verschönern. Vielleicht möchtest du ein wärmendes Bett für gemütliche Schlafstunden stricken, kuschelige Pullover für Winterausflüge in der Kälte oder ein reflektierendes Halsband für Spaziergänge im Dunkeln.

Dein Hund weiß das Kapitel für lustige Stunden sicher zu schätzen, in dem du viele schnell gestrickte Spielsachen findest. Manche Hunde lieben es zu suchen, etwas zu tragen oder zu holen, während andere völlig ballverrückt sind oder kämpfen und nagen wollen. Hier findest du etwas für jeden Geschmack! Die Spielsachen variieren in Größe, Form und Funktion, aber eine Sache haben sie gemeinsam. Sie sind alle aus gefilzter Wolle, die den Spielsachen ganz fantastische Eigenschaften verleiht!
Sie sind gut zum darauf Herumkauen, enthalten keine zu kleinen Teile, sind lange zu benutzen und sind sowohl schmutzabweisend als auch pflegeleicht.

Wie schön, dass du deinen Liebling mit Gestricktem verwöhnen willst!
Oder ist es vielleicht der Liebling von jemand anderem, für den das selbstgemachte Geschenk ist?

Ganz hinten im Buch findest du außerdem eine Strickschule mit Abbildungen für die wichtigsten Schritte beim Stricken.

Viel Erfolg beim Stricken!

Sei umarmt

Stina Tiselius

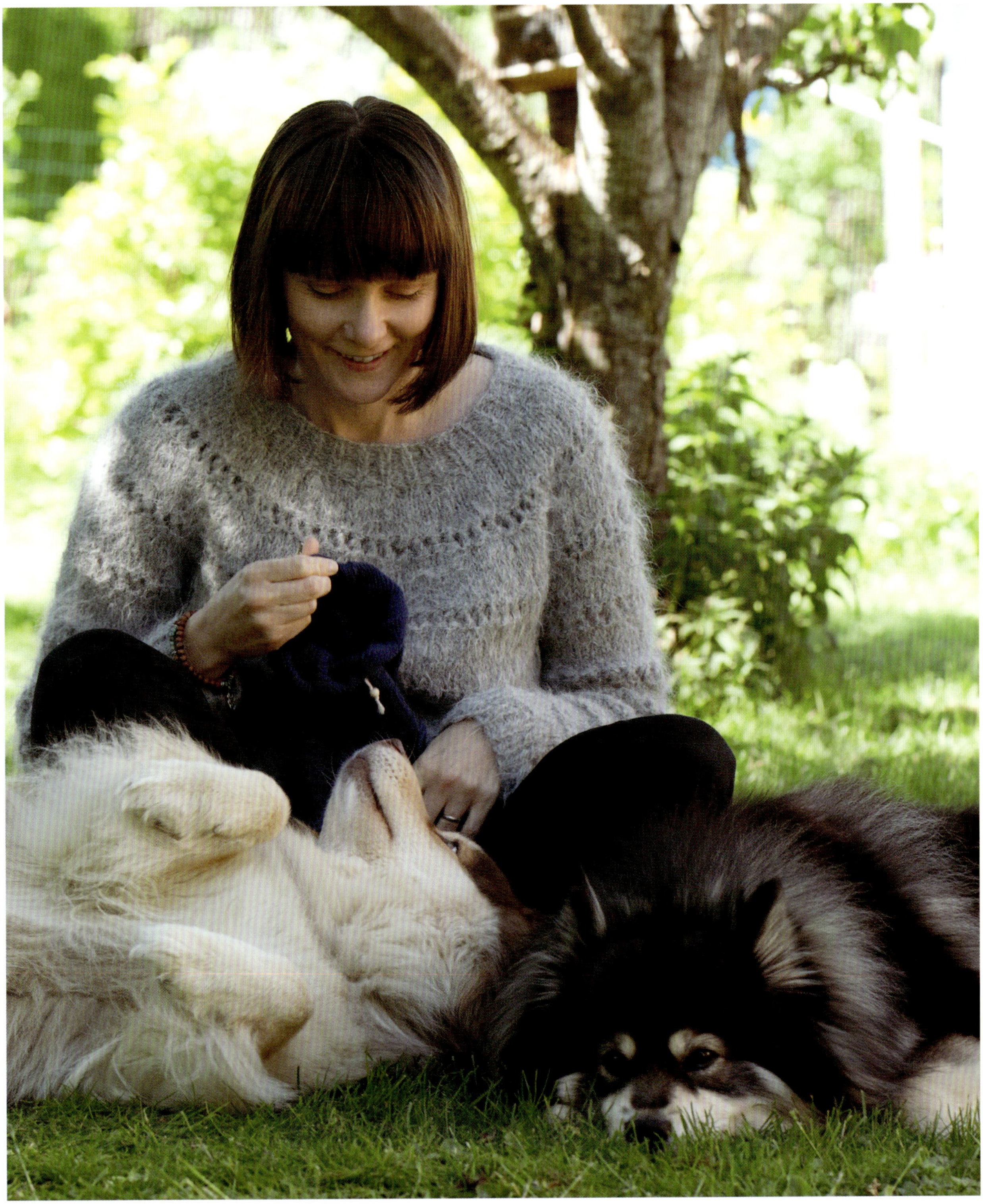

Bevor du anfängst

Wie schön, dass du deinen Hund mit Gestricktem verwöhnen willst!
Hier kommen einige Ratschläge, damit dir das Stricken gelingt und du dabei Spaß hast.

Maschenprobe und Musterstück
Damit dein gestricktes Projekt die richtige Größe hat, solltest du sicherstellen, dass deine Maschenprobe dieselbe Größe hat wie in der Anleitung. Dafür strickst du ein Musterstück. Verwende genau die Stricknadeln und das Garn, wie für dein Strickprojekt, und schlage ein paar mehr Maschen an als für 10 cm Breite nötig sind. Stricke in derselben Technik wie in der Anleitung und so viel, bis deine Maschenprobe etwas mehr als 10 cm hoch ist. Zähle jetzt, wie viele Maschen du auf 10 cm gestrickt hast, das ist deine Maschenprobe.

Wenn du weniger Maschen hast, als in der Anleitung angegeben ist, strickst du zu locker. Versuche es mit dünneren Stricknadeln. Wenn du mehr Maschen hast, strickst du zu fest. Versuche es mit dickeren Stricknadeln.

Wenn die Maschenprobe nicht stimmt, wird deine Arbeit nicht groß genug oder das Garn reicht nicht.

So misst du deinen Hund
Um ein Kleidungsstück zu stricken, das deinem Hund genau passt, musst du deinen Hund an drei Stellen ausmessen. Nimm Maß, wenn er steht.

Der Hals: Miss rund um den Hals ungefähr an der Stelle, an der das Halsband sitzt.

Die Brust: Miss rund um den Brustkorb genau hinter den Vorderbeinen. Dies ist das wichtigste Maß.

Die Länge: Miss vom Nacken, wo das Halsband sitzt, bis dahin, wo der Schwanz anfängt.

Maß und Größe
Weil die Größe zwischen verschiedenen Tieren sehr unterschiedlich sein kann, auch innerhalb einer Rasse, habe ich keine Größenliste nach Hunderassen gemacht. Um die richtige Größe zu finden, empfehle ich, den Hund zu messen und von diesen Maßen auszugehen.

Tipp: Während des Strickens am Hund anprobieren und dafür die Maschen auf ein Nadelseil oder einen Faden übernehmen. So sind Anprobieren und eventuelle Anpassungen einfacher. Vielleicht braucht dein Hund einen längeren Pullover oder die Löcher für die Beine an anderer Stelle. Das Maß, das du bei jedem Kleidungsstück im Buch siehst, zeigt das Maß des fertigen Kleidungsstückes. Wähle lieber eine größere als eine zu kleine Größe, damit es nicht zu eng sitzt oder scheuert.

Garnwahl
Alle Garne, die ich für dieses Buch ausgewählt habe, sind warm, weich und strapazierfähig. Das Kleidungsstück bleibt auch nach langer Benutzung in Form und kann außerdem im Wollwaschprogramm in der Maschine gewaschen werden. Wenn du das Garn gegen ein anderes austauschen möchtest, verwende eines mit gleichen Eigenschaften. Wenn du zum Beispiel ein Projekt machst, das gefilzt werden soll, ist es gut, wenn du 100 % unbehandelte Wolle verwendest. Und wenn du möchtest, dass der Pullover warm sein soll, wählst du am besten ein Wollgarn.

Besondere Eigenschaften von Wolle
Wolle hält die Wärme gut und absorbiert viel Feuchtigkeit, ohne dass sie sich feucht anfühlt. Wolle wärmt sogar noch, wenn sie feucht ist. Wolle ist von Natur aus schmutzabweisend, der Schmutz dringt nicht in die Fasern ein, sondern bleibt an der Oberfläche. Wolle ist elastisch, behält die Form auch nach vielen Anwendungen und knittert selten.

Stricken und filzen
Viele Projekte in diesem Buch werden erst gestrickt und anschließend in der Waschmaschine gefilzt.
Lies gern mehr darüber auf der nächsten Seite, bevor du es ausprobierst.

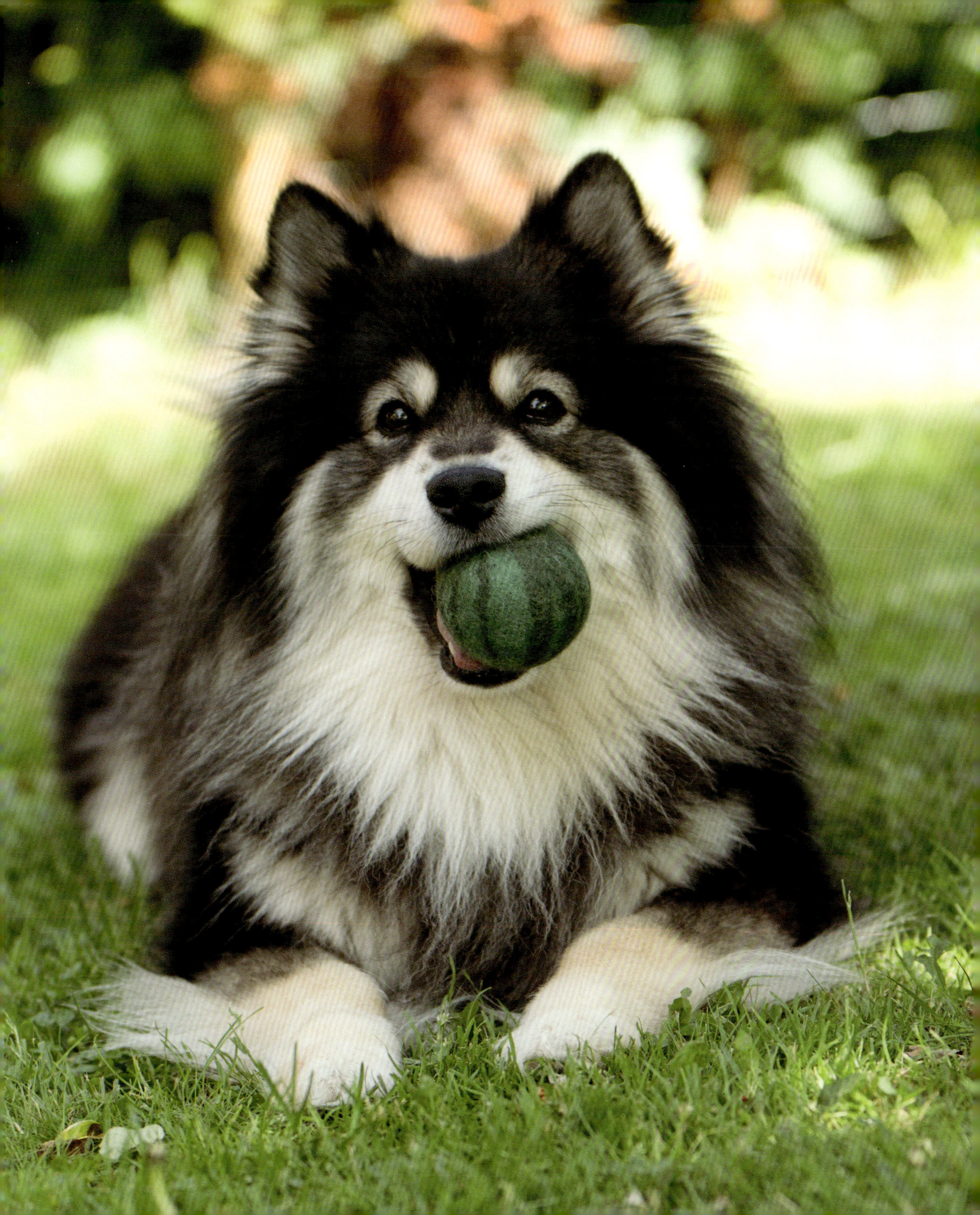

Stricken und Filzen

Viele Projekte in diesem Buch werden erst gestrickt und anschließend in der Waschmaschine gefilzt. Lies hier, wie dir das Filzen gelingt.

Materialwahl

Das Wichtigste, was du beim Filzen eines gestrickten Projektes beachten solltest, ist die Materialwahl. Für die Projekte im Buch wird mit 100 % unbehandelter Wolle das beste Resultat erzielt. Wenn der Wollfaden zum Beispiel mit Nylon, Acryl oder Baumwolle gemischt ist, ergibt das nicht das gewünschte Resultat, also verwende zum Filzen 100 % Wolle. Wichtig ist auch, dass das Garn keine Superwash-Ausrüstung hat. Das bedeutet, dass das Garn behandelt wurde, damit es sich beim Waschen mit höheren Temperaturen nicht verfilzt. Ein ausgezeichnetes Garn zum Filzen ist Fritidsgarn von Sandnes Garn, das ich für alle zu filzenden Projekte hier im Buch verwendet habe.

Was passiert beim Filzen?

Die Wärme des Wassers und die Reibung in der Waschmaschine bewirken ein Ausdehnen und ineinander Verhaken der Wollfasern. Wenn man das Stück zusätzlich von Hand in Seifenwasser vorwäscht, ergibt es ein noch festeres gefilztes Resultat.

Was beeinflusst das Ergebnis?

Es ist wichtig zu beachten, dass das Ergebnis beim Filzen von Fall zu Fall anders ausfallen kann je nach:

- Größe des zu filzenden Kleidungsstückes
- Gleichzeitig gefilzter Gesamtmenge
- Waschmaschinentyp
- Art des Waschprogrammes, sowohl bezogen auf die Dauer als auch die Ausführung
- Wassertemperatur
- Maschenprobe
- Wollqualität
- Farben

Mein Rat ist, sich heranzuwagen und auf alles gefasst zu sein, wenn man die Waschmaschine öffnet. Zu beachten ist auch, dass sich etwas viel stärker verfilzt, wenn es locker gestrickt ist. Meine Erfahrung ist, dass Fritidsgarn von Sandnes Garn sich mehr in der Länge als in der Breite zusammenzieht.

So filzt du

Auf diese drei Arten habe ich alle Projekte im Buch gefilzt. In allen Beschreibungen habe ich angegeben, wie genau ich das jeweilige Projekt gefilzt habe.

Leichtes Filzen

Für Projekte die ein gefilztes Aussehen erhalten, sich aber nicht viel zusammenziehen sollen.
Arbeitsweise: Wasche es in der Maschine ohne Waschpulver und Weichspüler bei 40 °C zusammen mit einem Frotteehandtuch in ähnlicher Farbe.

Mittleres Filzen:

Für Projekte die ein gefilztes Aussehen erhalten und sich zusammenziehen sollen.
Arbeitsweise: Mische ca. 1 Esslöffel Seife mit 5 Liter warmem Wasser. Wasche, reibe und massiere dein Gestricktes im Seifenwasser. Drücke das Wasser heraus und wasche es ohne Waschmittel und Weichspüler in der Maschine bei 60 °C zusammen mit einem Frotteehandtuch in ähnlicher Farbe.

Starkes Filzen

Für Projekte die ein deutlich gefilztes Aussehen erhalten und sich stark zusammenziehen sollen.
Arbeitsweise: Folge den Anweisungen für mittleres Filzen und trockne es anschließend für 30 Minuten oder je nach gewünschter Verfilzung im Wäschetrockner.

Pflege und erste Hilfe beim Filzen

Noch zu groß: Für ein stärkeres Filzen und um es zu verkleinern kannst du es noch einmal bei höherer Temperatur waschen oder 30 Minuten im Trockner trocknen.

Zu klein: Weiche das Gestrickte in warmem Wasser ein, nimm es heraus und ziehe es nass in die gewünschte Form. Spanne es liegend mit Stecknadeln und lasse es trocknen.

Waschhinweis: Bürste es in trockenem Zustand und entferne lose sitzenden Schmutz. Anschließend ohne Waschpulver und Weichspüler in der Maschine waschen.

Reparieren: Wenn das Gefilzte ein Loch hat, kann man es mit einem unbehandelten Wollfaden zusammennähen. Dann kann es in der Maschine ohne Waschpulver und Weichspüler bei 60 °C gewaschen werden. Dabei verfilzt es sich wieder.

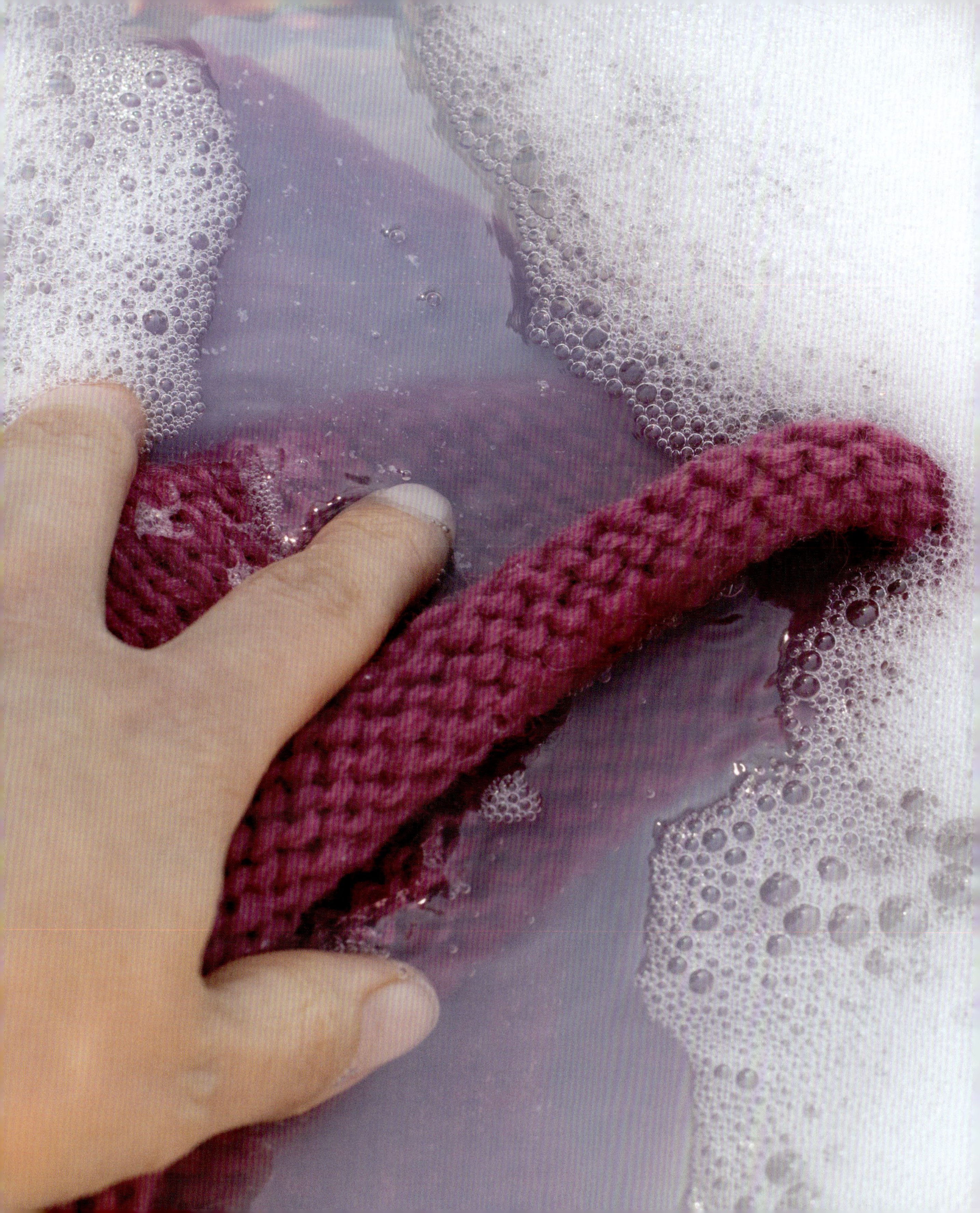

Für Spaziergänge IN DER KÄLTE

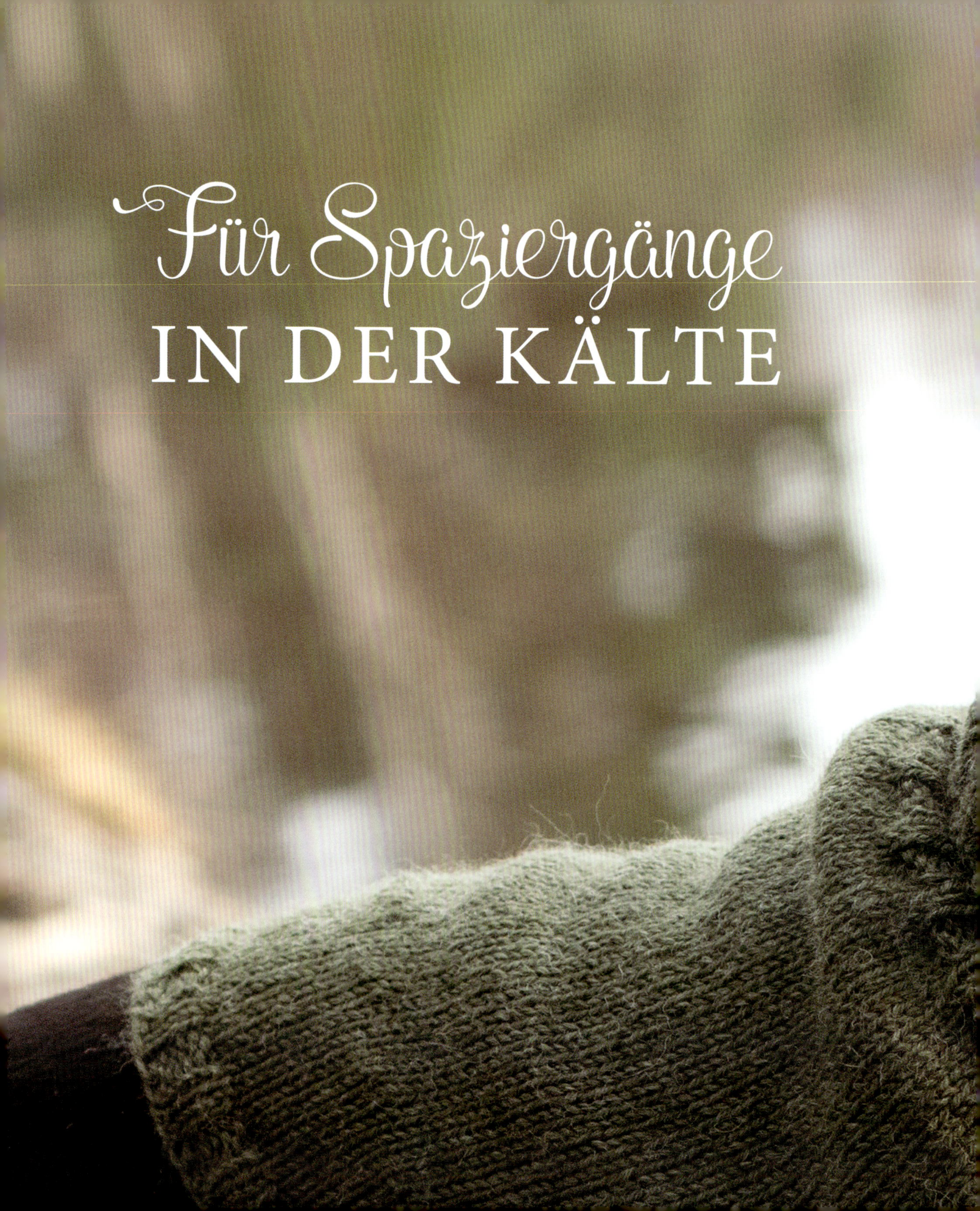

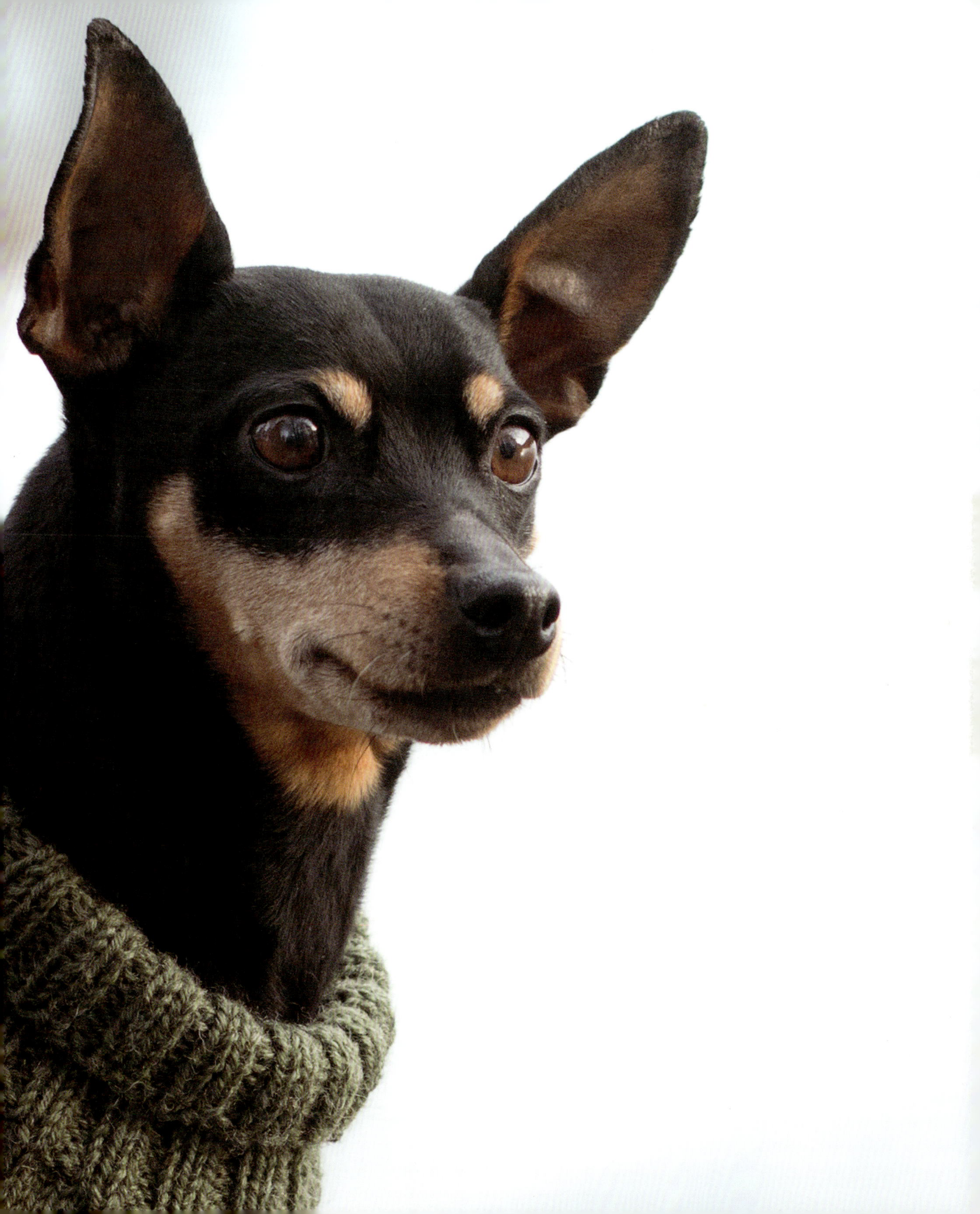

Dreieckiges Halsband

Luna fühlt sich mit ihrem Dreieckhalsband aus Alpaka richtig wohl. Es ist weich und warm. Es wird in Reihen hin und zurück rechts (kraus rechts) gestrickt und anschließend im Nacken zusammengenäht.

Garn: Alpaka von Sandnes Garn, 100 % Alpaka, 50 g = ca. 110 Meter, Farbe: Graumeliert 1042.
Umfang: ca. 30 (35) 40 (45) cm
Länge: ca. 18 (22) 26 (28) cm
Größe: XS (S) M (L)
Passend für Halsumfang: ca. 25–30 (30–35) 35-40 (40–50) cm
Garnmenge: 50 (100) 100 (100) g
Maschenprobe: 15 M kraus rechts mit Stricknadeln 5,5 mm = 10 cm
Stricknadeln: 5,5 mm

Dreieckiges Halsband
Das dreieckige Halsband wird in Reihen von unten nach oben gestrickt. 3 M mit doppeltem Faden und Stricknadeln 5,5 mm anschlagen. Das gesamte Halsband wird kraus rechts gestrickt. Die 1. Reihe wird ohne Zunahmen gestrickt. Danach wird zu Beginn jeder Reihe 1 Masche wie folgt zugenommen: 1 M stricken, 1 M zunehmen, indem aus dem Querfaden der vorherigen Reihe 1 Masche herausgestrickt wird. Fortlaufend wiederholen bis 34 (42) 50 (58) M auf der Stricknadel sind.

Auf jeder Seite 5 (5) 5 (7) neue M zunehmen = 44 (52) 60 (72) M. Rechts weiterstricken bis zu einer Höhe von 18 (22) 26 (28) cm (oder einer selbst gewählten Länge) ab der Spitze in der Mitte gemessen. Die M abketten und ein Stück Garn zum Zusammennähen hängen lassen.

Beenden und Zusammennähen
Die Kanten auf der rückwärtigen Seite von rechts zusammennähen. Den Faden vernähen und abschneiden.

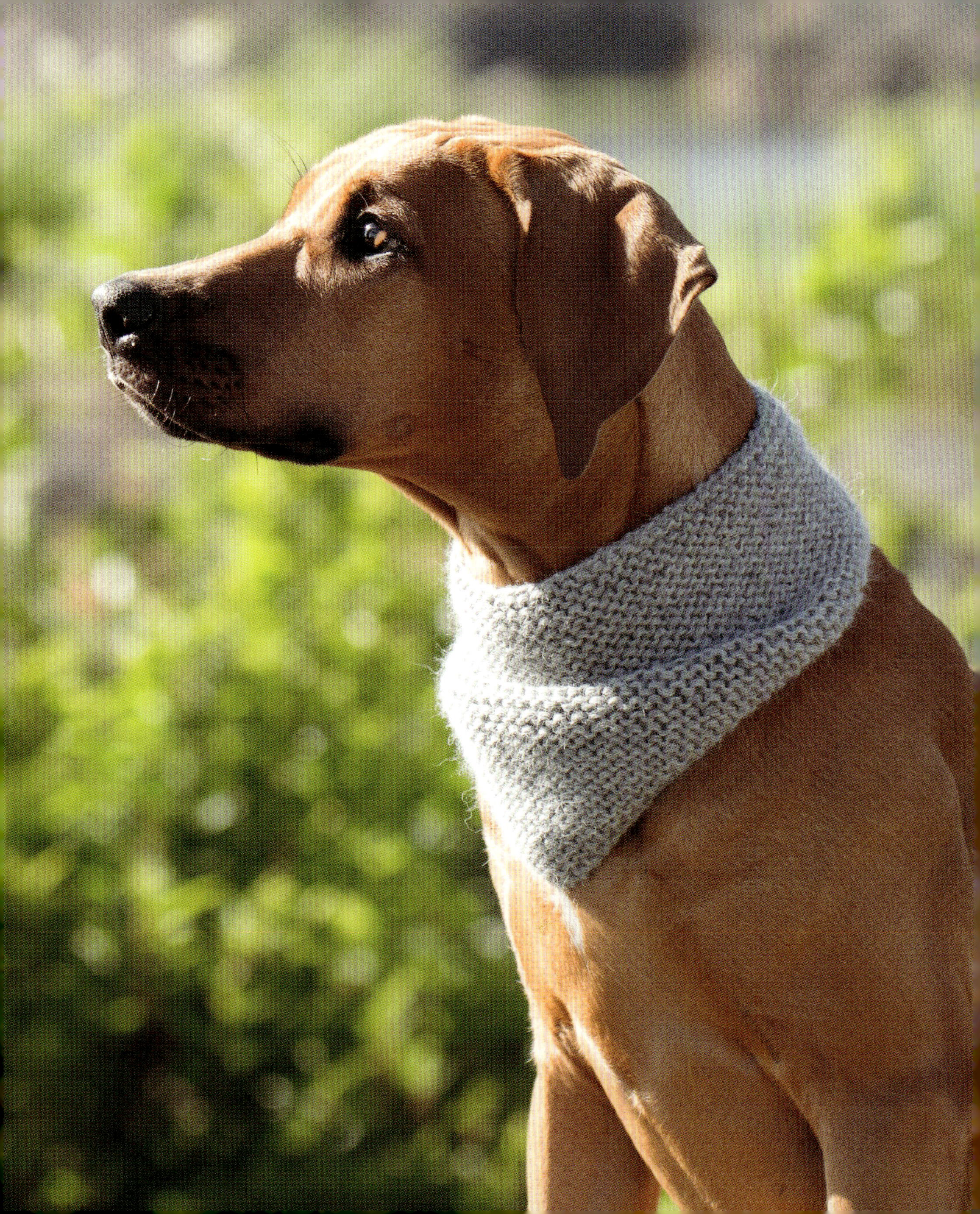

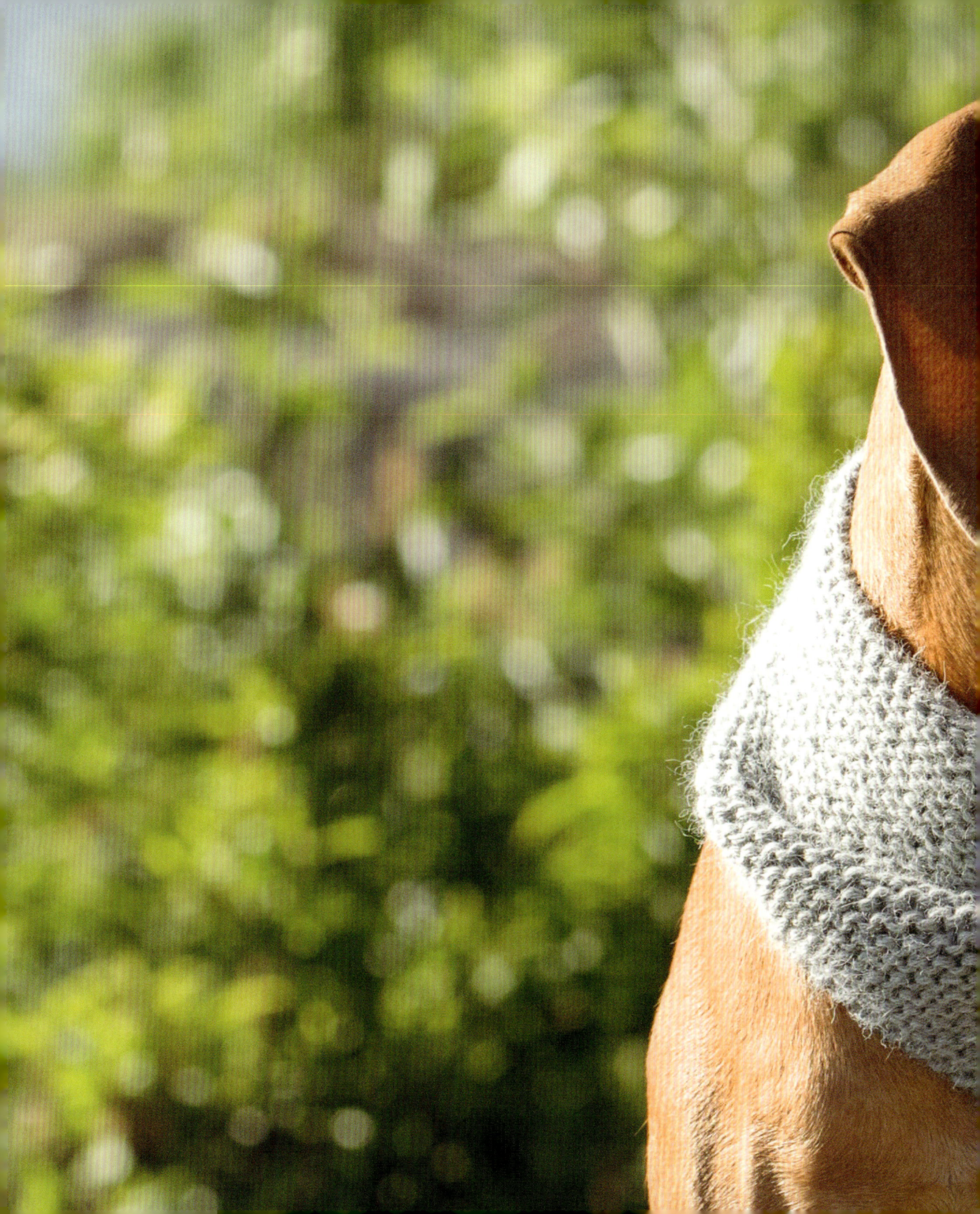

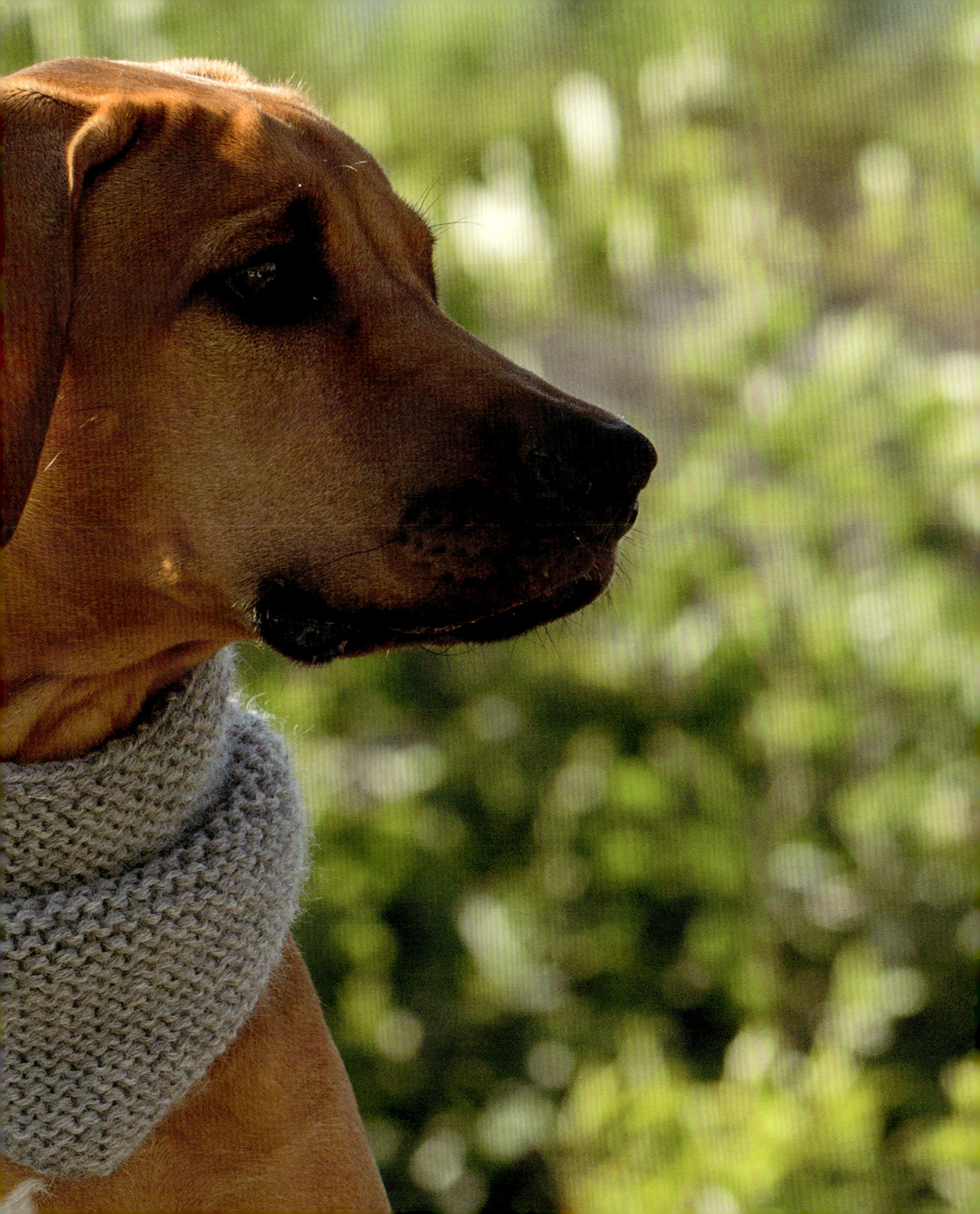

Pullover mit doppeltem Bündchen

Ein schöner und warmer Wollpullover für alle Spaziergänge in der Kälte. Gar nicht schlecht, findet Charlie, der ihn gern unter der Leine trägt oder noch lieber, wenn er ohne Leine herumrennt.

Garn: Peer Gynt von Sandnes Garn, 100 % norwegische Wolle, 50 g = ca. 91 Meter, Farbe: Dunkelgrün meliert 9572.
Größe: S (M) L
Das Maß unten bezieht sich auf die Größe des Kleidungsstückes.
Halsumfang: ca. 31 (37) 42 cm
Brustweite: ca. 40 (45) 51 cm
Länge: ca. 26 (30) 34 cm
Garnmenge: 100 (100) 150 g
Glatt re: In Reihen: Hinreihe re M, Rückreihe li M stricken; in Runden: Alle M re stricken.
Maschenprobe: 22 M glatt rechts mit Stricknadeln 3,5 mm = 10 cm
Stricknadeln: Rundstricknadel 3,5 mm, 40 cm lang

Bündchen
Der Pullover wird auf einer Rundstricknadel vom Hals aus Richtung Rücken in Runden gestrickt. 68 (80) 92 M auf der 40 cm langen Rundstricknadel 3,5 mm anschlagen. Ein doppeltes Bündchen mit 2 M re, 2 M li stricken bis zu einer Höhe von 8 (9) 10 cm.

Oberteil
Jetzt wird der Pullover glatt rechts weitergestrickt. In der 1. Runde nach dem Bündchen werden 20 M gleichmäßig verteilt wie folgt zugenommen: * 3 (4) 4 M re stricken, 1 M zunehmen *. Von * bis * wiederholen, bis 88 (100) 112 M erreicht sind. Für den Rundenbeginn einen Maschenmarkierer zwischen 2 M einhängen. Wenn die Arbeit 12 (14) 15 cm misst, wird für die Beine wie folgt abgenommen: 8 (10) 12 M nach dem Maschenmarkierer stricken, wenden und 16 (20) 24 linke M stricken. Über diese 16 (20) 24 M in Reihen glatt rechts stricken, nach 6 (7) 8 cm diese M stilllegen.

Unterteil
Jetzt strickst du die restlichen M der Nadel. Die ersten 4 (4) 5 M abketten und die restlichen M der Reihe rechts stricken. Wenden und die ersten 4 (4) 5 M abketten = 64 (72) 78 M auf der Stricknadel. Glatt rechts stricken, bis dieses Teil 6 (7) 8 cm misst.

Jetzt werden beide Teile auf eine Rundstricknadel genommen und dabei jeweils 4 (4) 5 neue M zwischen den Teilen angeschlagen, sodass wieder 88 (100) 112 M auf der Stricknadel sind. Glatt rechts in Runden weiterstricken, bis der Pullover 21 (25) 28 cm lang ist.

Beenden und Bündchen
12 (14) 17 M vor und 12 (14) 17 M nach der Mitte stilllegen = 64 (72) 78 M. Das Rückenteil glatt rechts in Hin- und Rückreihen, dabei zu Beginn jeder Reihe beidseitig 2x 2 M und 1x 1 Masche abnehmen = 54 (62) 68 M. 5 M anschlagen und die mittleren 24 (28) 34 M auf eine Rundstricknadel nehmen, wieder 5 M anschlagen = 88 (100) 112 M. Bis zur Mitte stricken und den Pullover weiter mit 2 M re, 2 M li in Runden stricken. Wenn das Bündchen ca. 2 (2) 3 cm misst, die M abketten. Der gesamte Pullover misst nun ca. 26 (30) 34 cm.

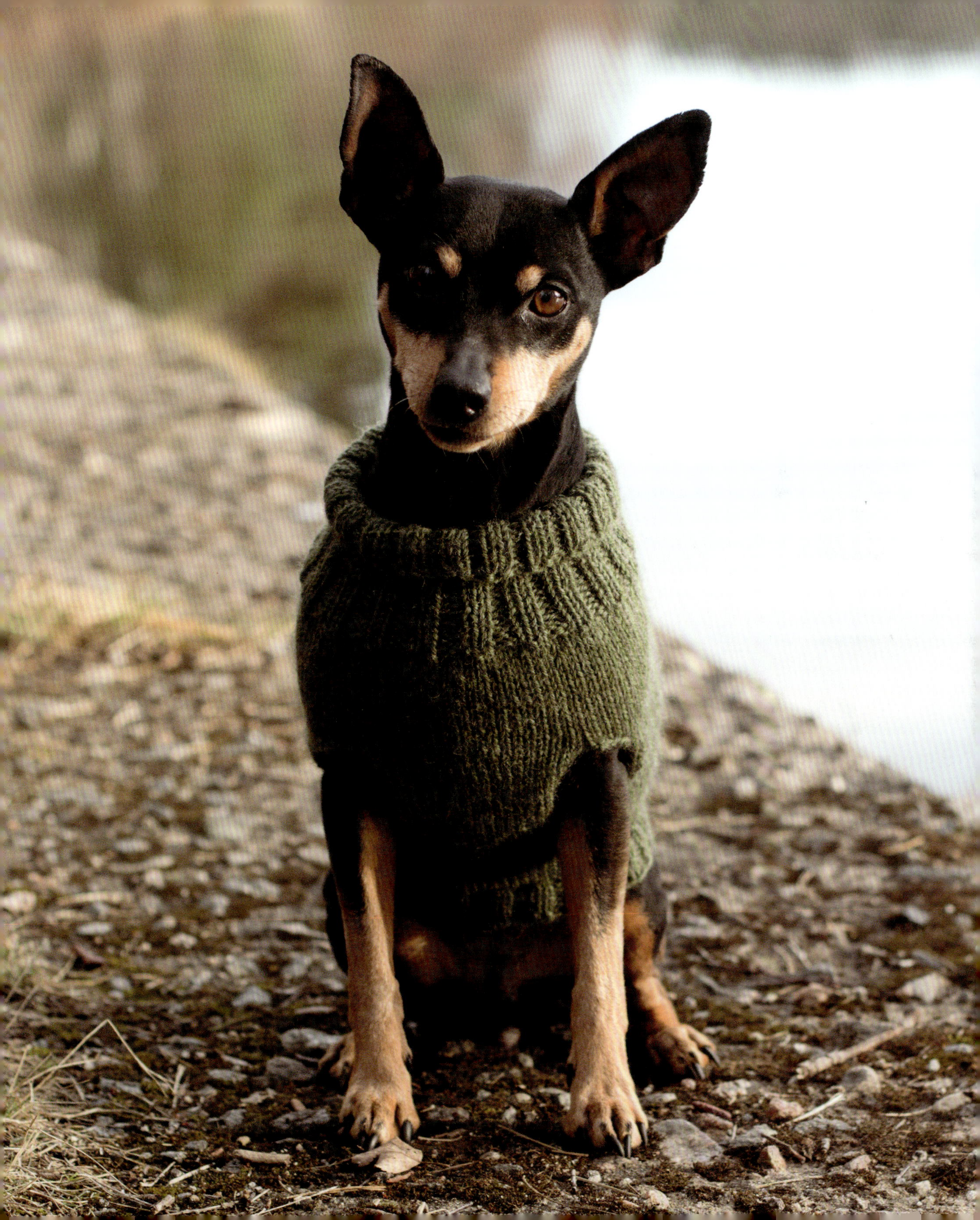

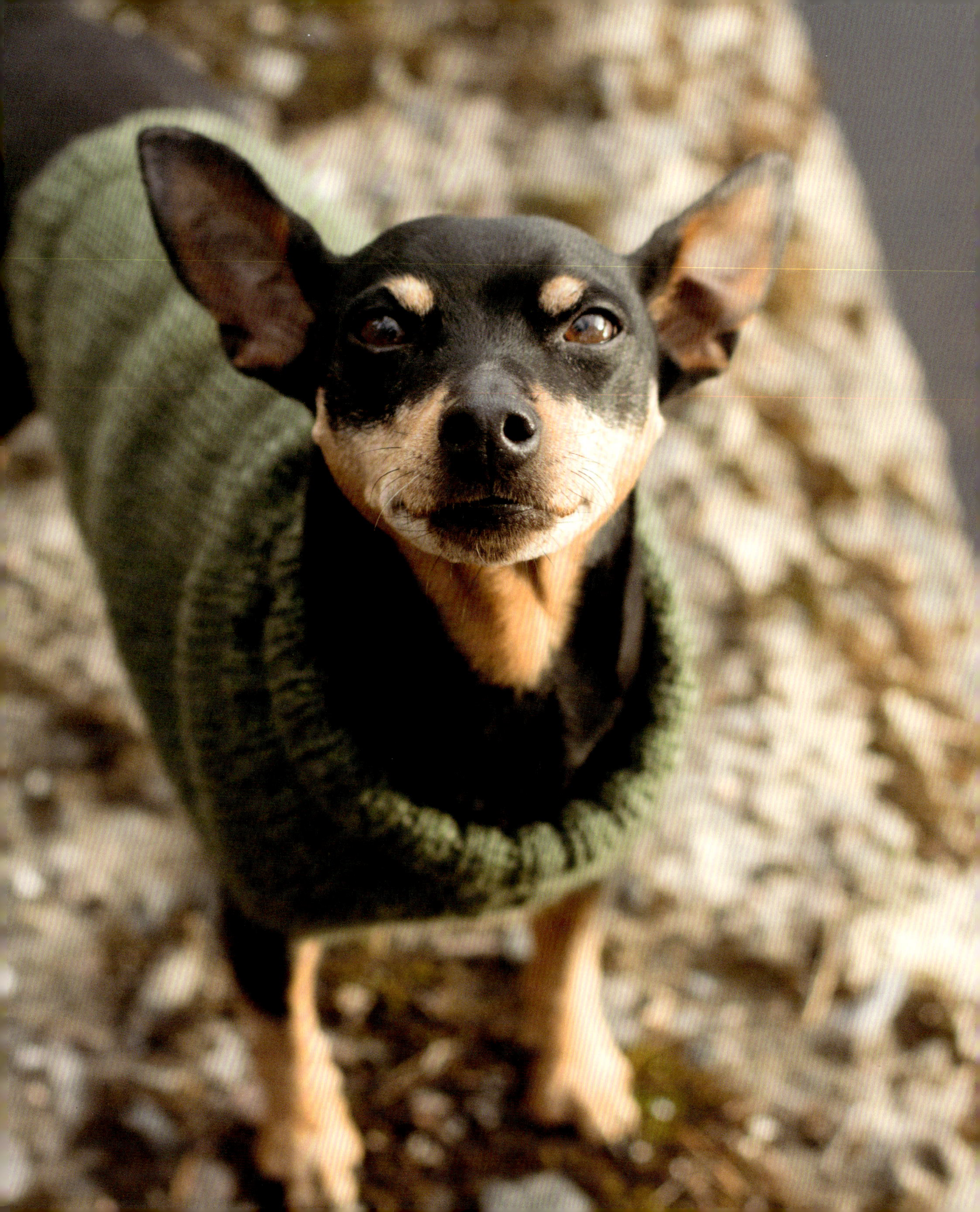

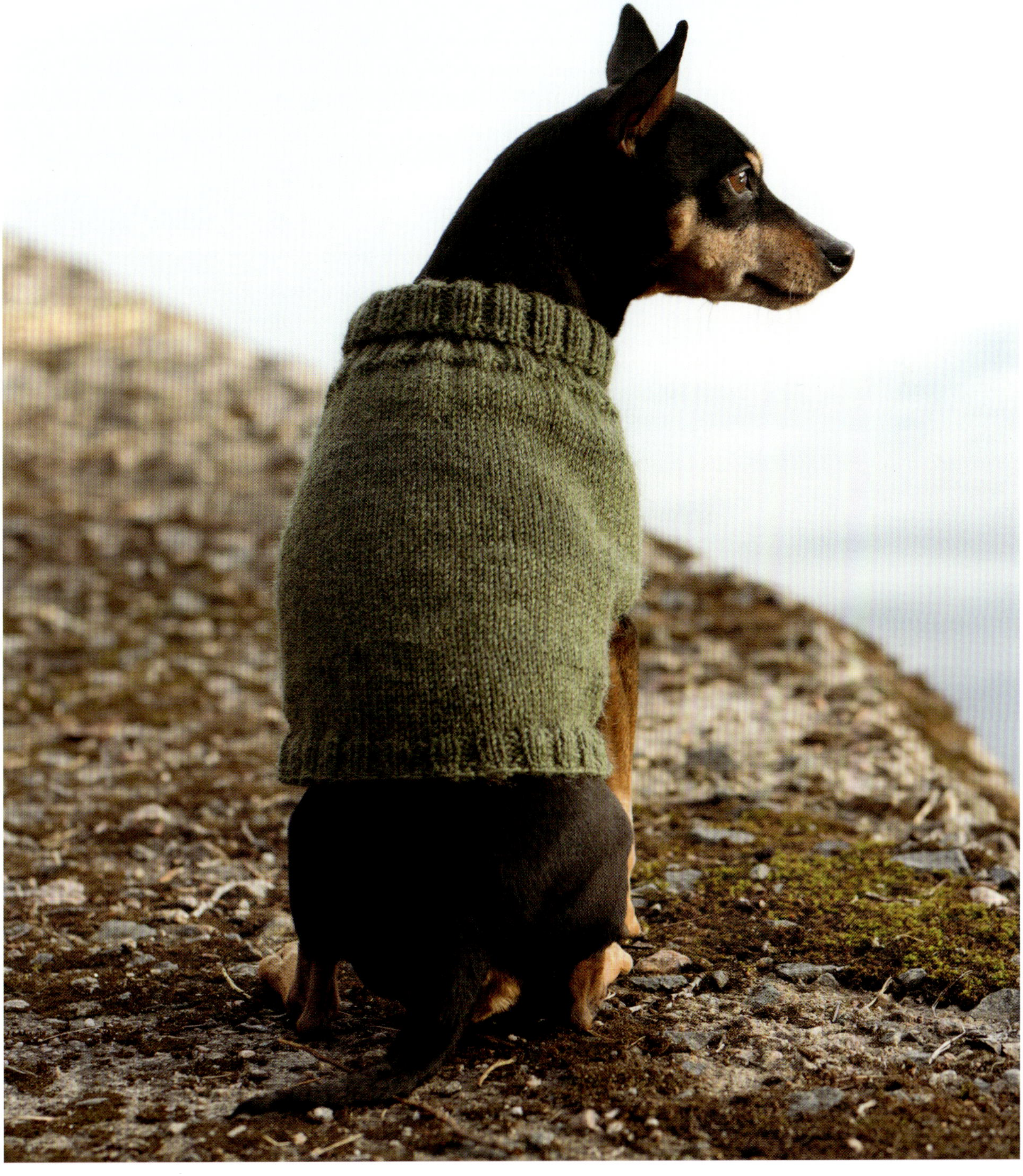

Pullover mit Band

Ein leicht zu strickender Pullover mit einem Band unter dem Bauch, der sich schnell an die gewünschte Größe anpassen lässt. Große Öffnungen für die Vorderbeine sorgen für ein super einfaches An- und Ausziehen.

Garn: Peer Gynt von Sandnes Garn, 100 % norwegische Wolle, 50 g = ca. 91 Meter, Farbe: Dunkles altrosa 4244.
Größe: S (M) L
Das Maß unten bezieht sich auf die Größe des Kleidungsstückes.
Halsumfang: ca. 31 (37) 42 cm
Brustweite: ca. 40 (45) 51 cm
Länge: ca. 29 (35) 40 cm
Garnmenge: 100 (100) 150 g
Glatt re: In Reihen: Hinreihe re M, Rückreihe li M stricken; in Runden: Alle M re stricken.
Glatt li: In Reihen: Hinreihe li M, Rückreihe re M stricken; in Runden: Alle M li stricken.
Maschenprobe: 22 M glatt rechts mit Stricknadeln 3,5 mm = 10 cm
Stricknadeln: Rundstricknadel 3,5 mm, 40 cm lang

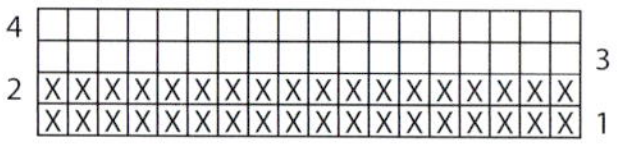

X = Hinreihe (rechte Seite) li M, Rückreihe (linke Seite) re M (= glatt li)
☐ = Hinreihe (rechte Seite) li M, Rückreihe (linke Seite) li M (= glatt re)

Randmaschen

Um eine gerade und gutaussehende Kante bei den Strickteilen, die in Reihen gestrickt werden, zu erhalten, kannst du die Randmaschen wie folgt stricken: Hebe die letzte Masche links ab mit dem Faden vor der Stricknadel. Stricke die 1. Masche der nächsten Reihe rechts verschränkt.

Muster

Der Pullover wird sowohl in Runden als auch mit Hin- und Rückreihen auf einer Rundstricknadel gestrickt. Der gesamte Pullover wird durchgängig in folgendem Muster gestrickt: 2 Reihen glatt links und 2 Reihen glatt rechts im Wechsel. Wichtig ist, dass die Reihen anders gestrickt werden, wenn man entweder rund- oder hin- und zurückstrickt, vgl. die Strickschrift links.

Halsteil

Das Halsteil wird in Runden auf der Rundstricknadel gestrickt. 68 (80) 92 M auf der 40 cm langen Rundstricknadel 3,5 mm anschlagen.
Reihe 1–2: Glatt li
Reihe 3–4: Glatt re
Reihen 1–4 ca. 6 (8) 10 cm wiederholen, das Halsstück mit 2 R glatt li abschließen.

Oberteil

1 Reihe rechts stricken. In der nächsten rechten Reihe werden 20 M gleichmäßig verteilt wie folgt zugenommen: * 3 (4) 4 M re stricken, 1 M zunehmen *. Von * bis * wiederholen, bis 88 (100) 112 M erreicht sind. Hänge 1 Maschenmarkierer am Beginn der Reihe zwischen 2 M ein. Stricke das Muster in Runden ohne Zunahmen weiter. Wenn die Arbeit ca. 12 (13) 15 cm lang ist und nach 2 Reihen glatt links, wird für die Vorderbeine abgekettet. Diese Reihe wird wie folgt gestrickt: 18 (20) 22 M nach dem Maschenmarkierer abketten,

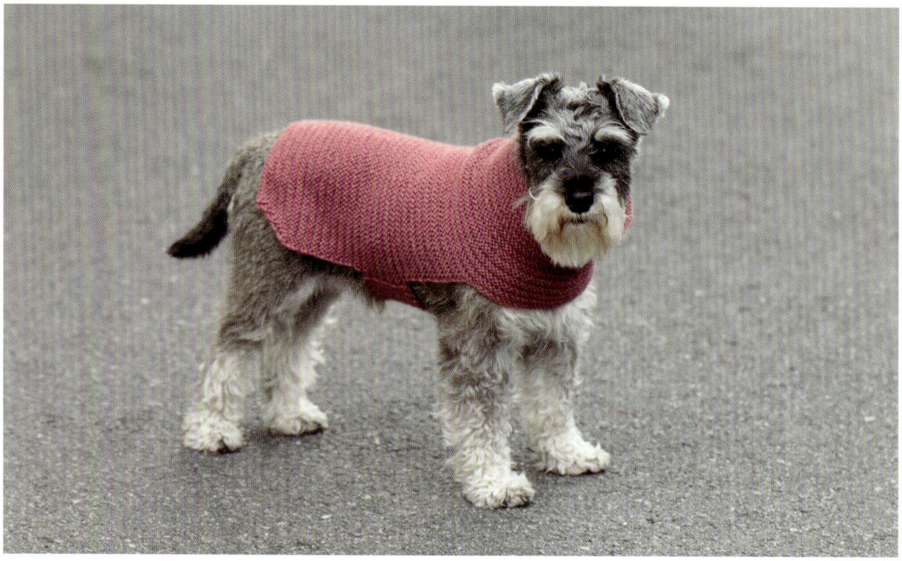

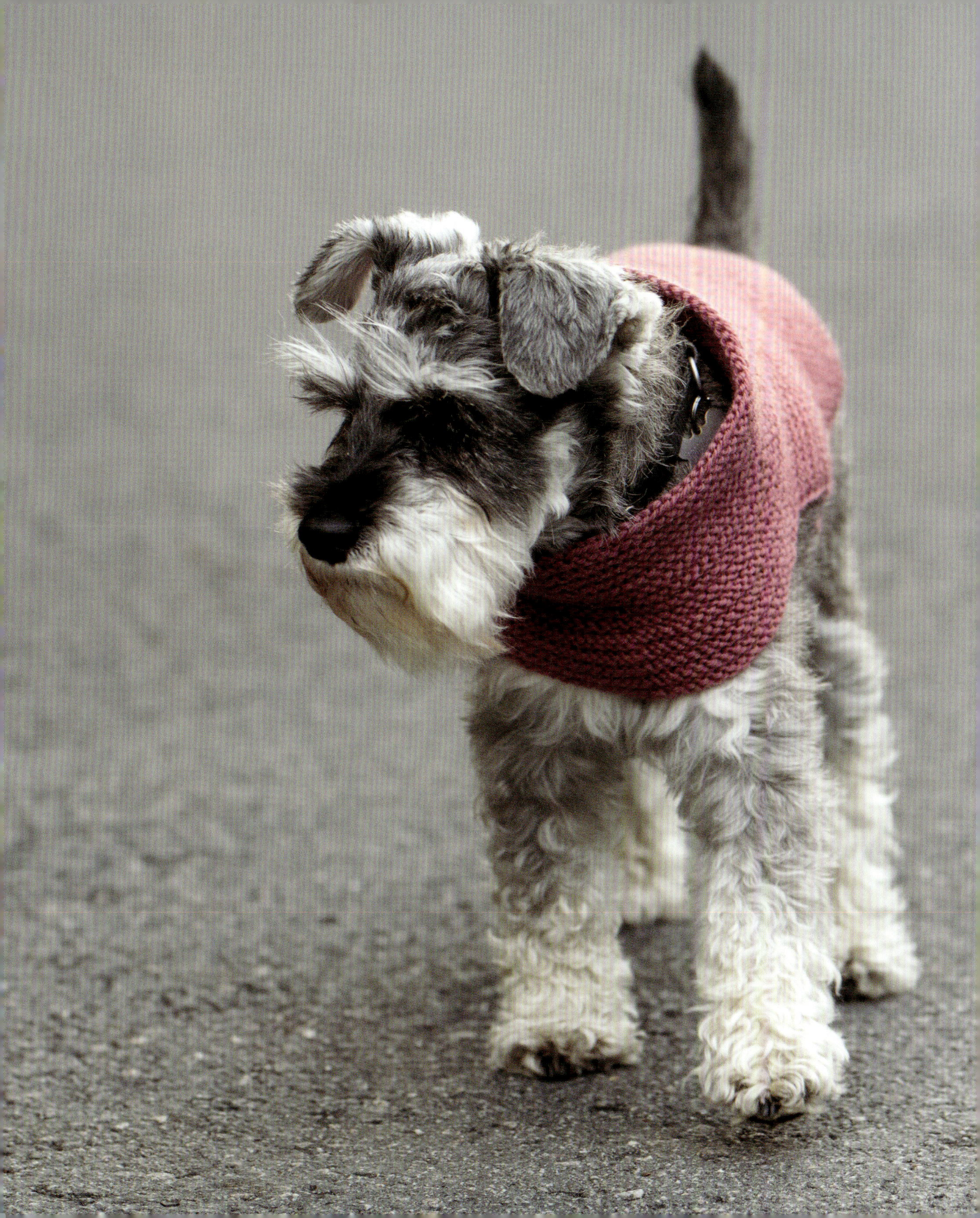

52 (60) 68 M rechts stricken, die restlichen 18 (20) 22 M abketten, den Faden abschneiden. Nun sind 52 (60) 68 M auf der Stricknadel, wobei die mittleren 36 (40) 44 M abgekettet sind.

Jetzt wird das restliche Stück des Pullovers wieder in Hin- und Rückreihen auf der Rundstricknadel gestrickt. Beginne am Ende der zuerst abgeketteten M auf der linken Seite. Stricke die 1. Reihe rechts und dann in folgendem Muster weiter:
Reihe 1: Re M
Reihe 2: Li M
Reihe 3: Li M
Reihe 4: Re M
Wiederhole Reihen 1–4 noch ca. 6 (8) 10 cm, gemessen ab der Beinkante.

Unterteil
32 (34) 38 neue M anschlagen = 84 (94) 106 M. Jetzt wird der restliche Pullover wieder auf der Rundstricknadel in Runden gestrickt. Diese 32 (34) 38 M, die später unter dem Bauch liegen, werden im Bündchenmuster 1 M re, 1 M li gestrickt. Die übrigen 52 (60) 68 M werden wie am Halsteil mit 2 Reihen links und 2 Reihen rechts gestrickt. Wenn das Bündchenstück ca. 4 (6) 6 cm misst, werden in einer rechten Reihe diese 32 (34) 38 M abgekettet. Die übrigen M nach Muster weiterstricken. Wenn die gesamte Arbeit 26 (32) 37 cm misst, ab Maschenanschlag gemessen, wird zu Beginn jeder Reihe 1 Masche wie folgt abgenommen: 1 Masche stricken, 2 M zusammenstricken, dann alle restlichen M stricken. Wenn noch 38 (46) 54 M auf der Stricknadel sind und die Arbeit ca. 29 (35) 40 cm lang, in 1 Hinreihe (rechte Seite) alle M abketten.

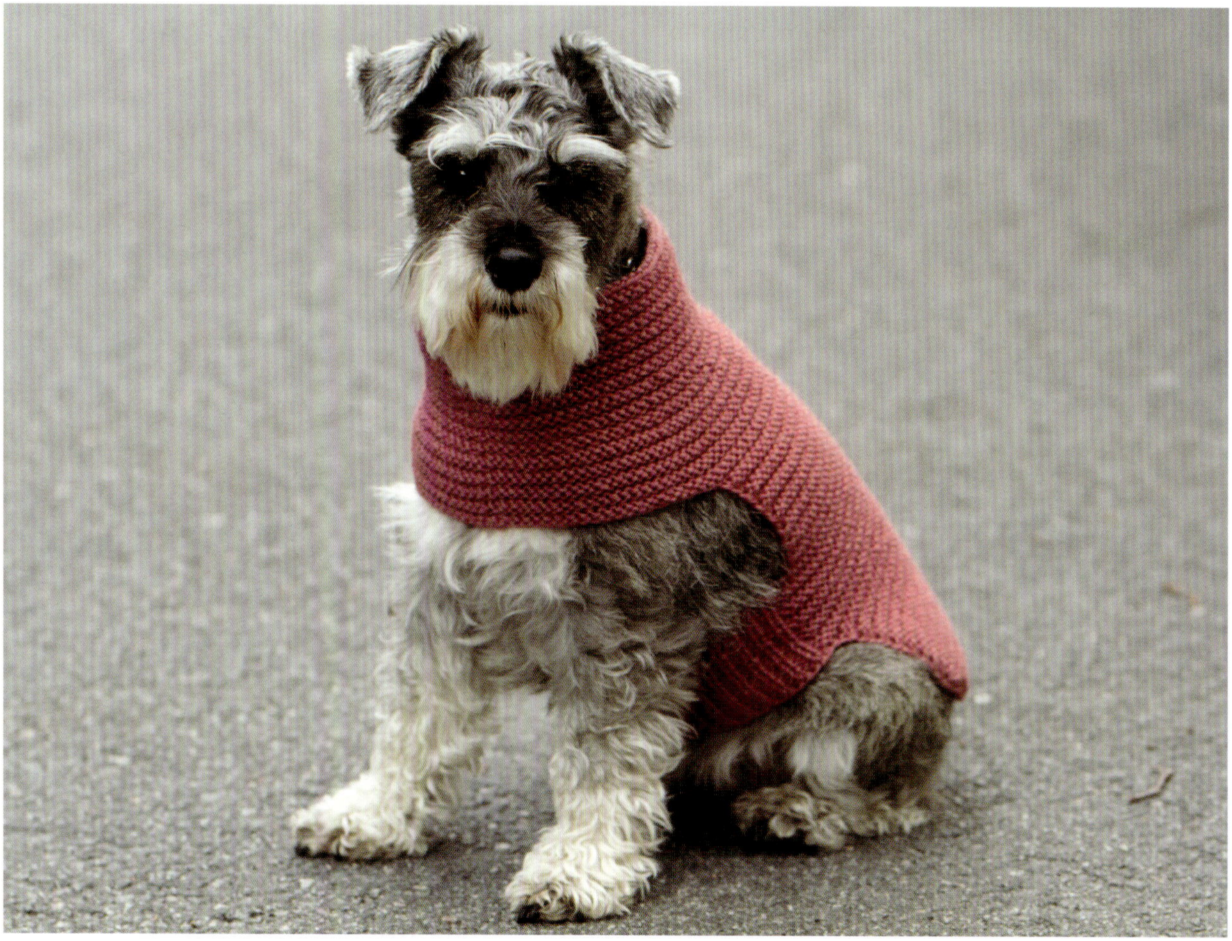

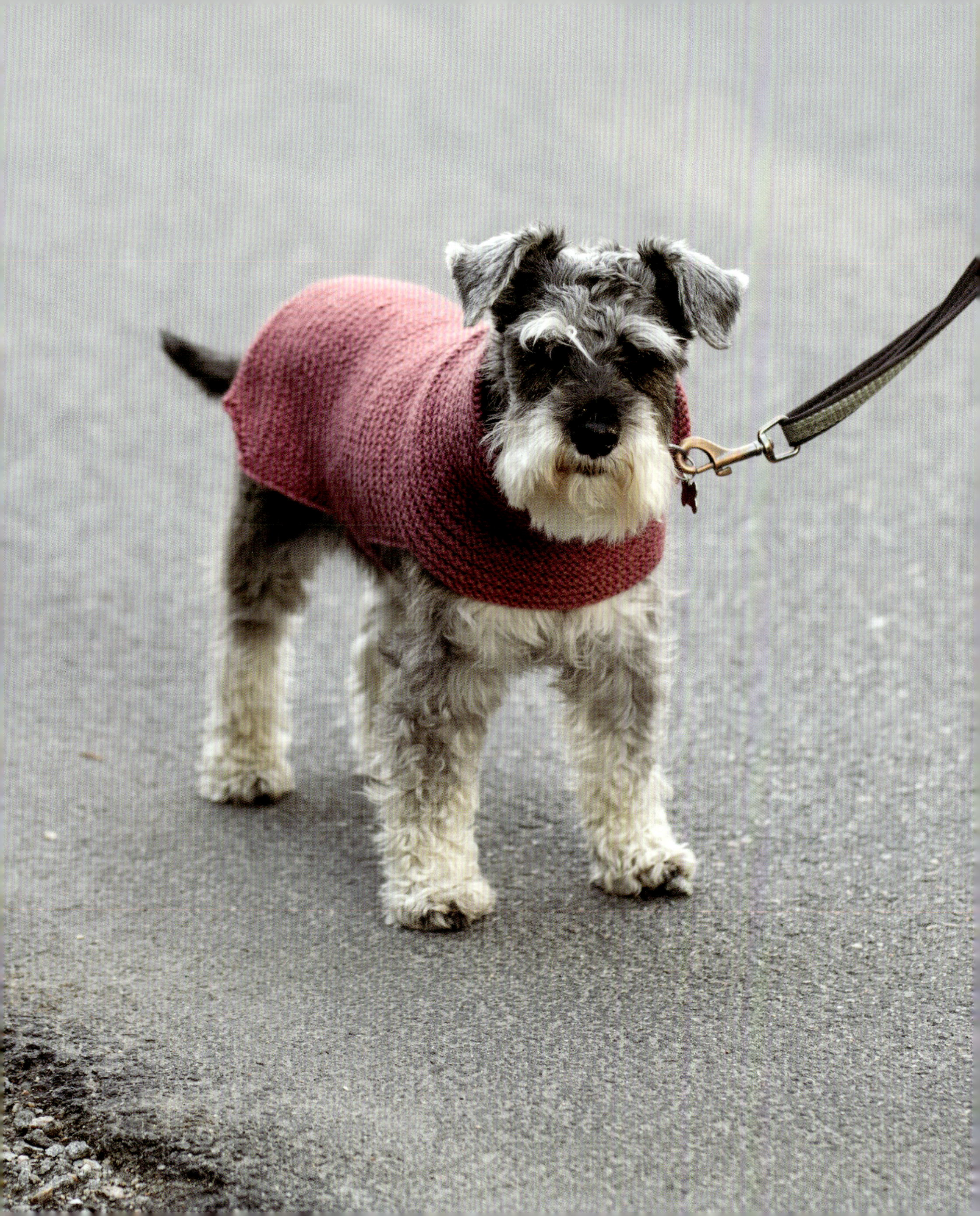

Reflektierender Schlauchschal

Ein weicher Schlauchschal am Hals ist so kuschelig, findet Luna. Wenn ein Reflexgarn mitgestrickt wird, sieht man euch bei Spaziergängen besonders gut.

Garn: Alpaka von Sandnes Garn, 100 % Alpaka, 50 g = ca. 110 Meter, Farbe: Weinrot 4554.
Umfang: ca. 30 (35) 40 (45) cm
Länge: ca. 12 (15) 20 (20) cm
Größe: XS (S) M (L)
Passend für Halsumfang: ca. 25–30 (30–35) 35–40 (40–45) cm
Garnmenge: 50 (100) 100 (100) g
Bündchenmuster: 1. Runde: Alle M zusammen mit dem Reflexband rechts str. 2. Runde: 1 M re, 1 M li ohne Reflexband stricken. 1. und 2. Runde stets wiederholen.
Maschenprobe: 15 M Bündchenmuster mit Stricknadeln 5,5 mm = 10 cm
Stricknadeln: Rundstricknadel 5,5 mm; 40 cm lang
Zusätzlich: 25 m Reflexgarn, 1 mm, von Järbo Garn

Bündchen
Der reflektierende Schlauchschal wird auf einer Rundstricknadel in Runden gestrickt. Mit doppeltem Faden 44 (52) 60 (68) M auf der 40 cm langen Rundstricknadel 5,5 mm anschlagen. Für das Bündchen 2 (2) 3 (3) cm 1 M re, 1 M li stricken.

Schlauchschal
Jetzt für den Schlauchschal 10 (13) 17 (17) cm im Bündchenmuster stricken.

Bündchen
Den Schlauchschal mit einem Bündchen ohne Reflexgarn beenden, dafür 2 (2) 3 (3) cm 1 M re, 1 M li stricken. Wenn der Schlauchschal 12 (15) 20 (20) cm lang ist M abketten.

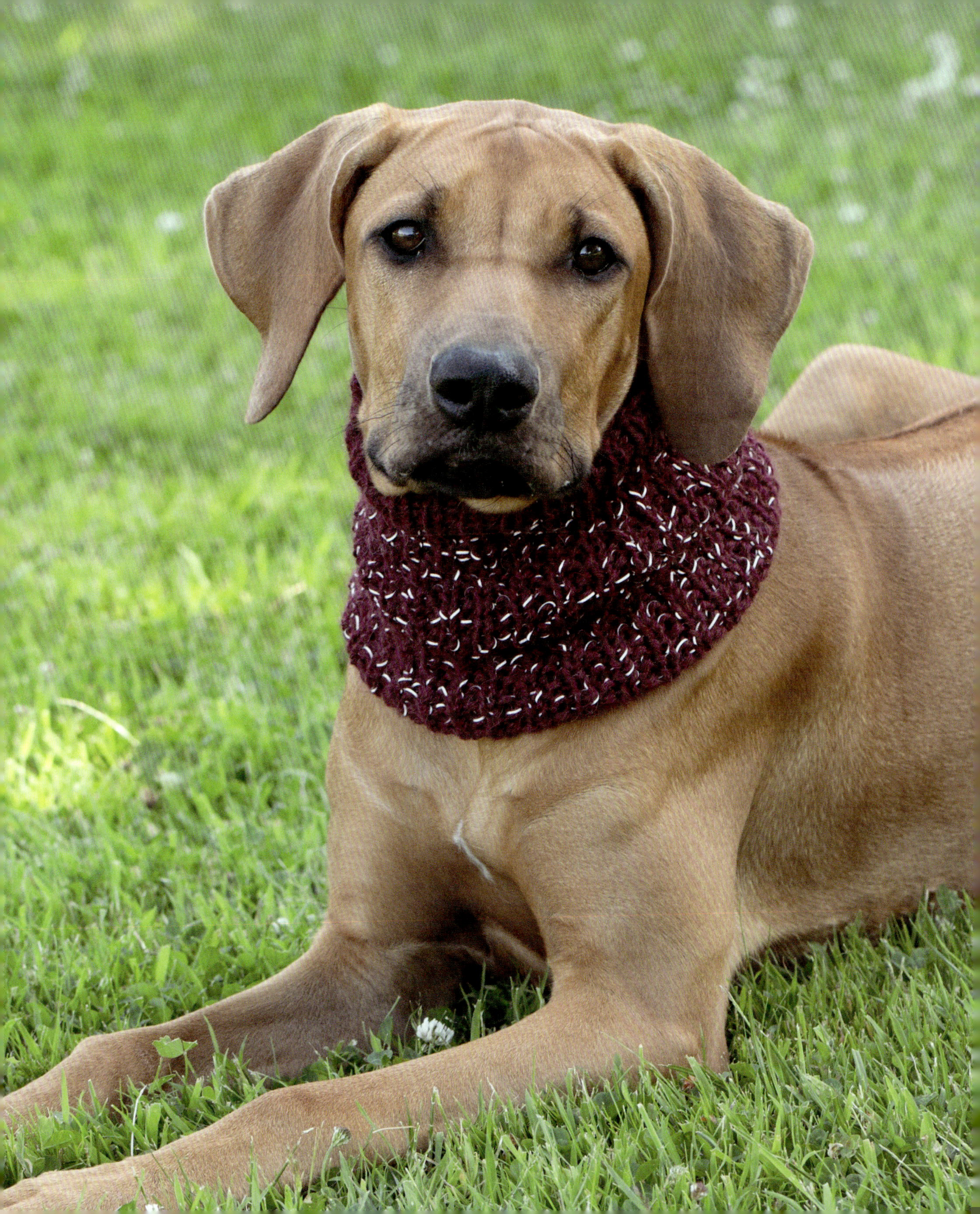

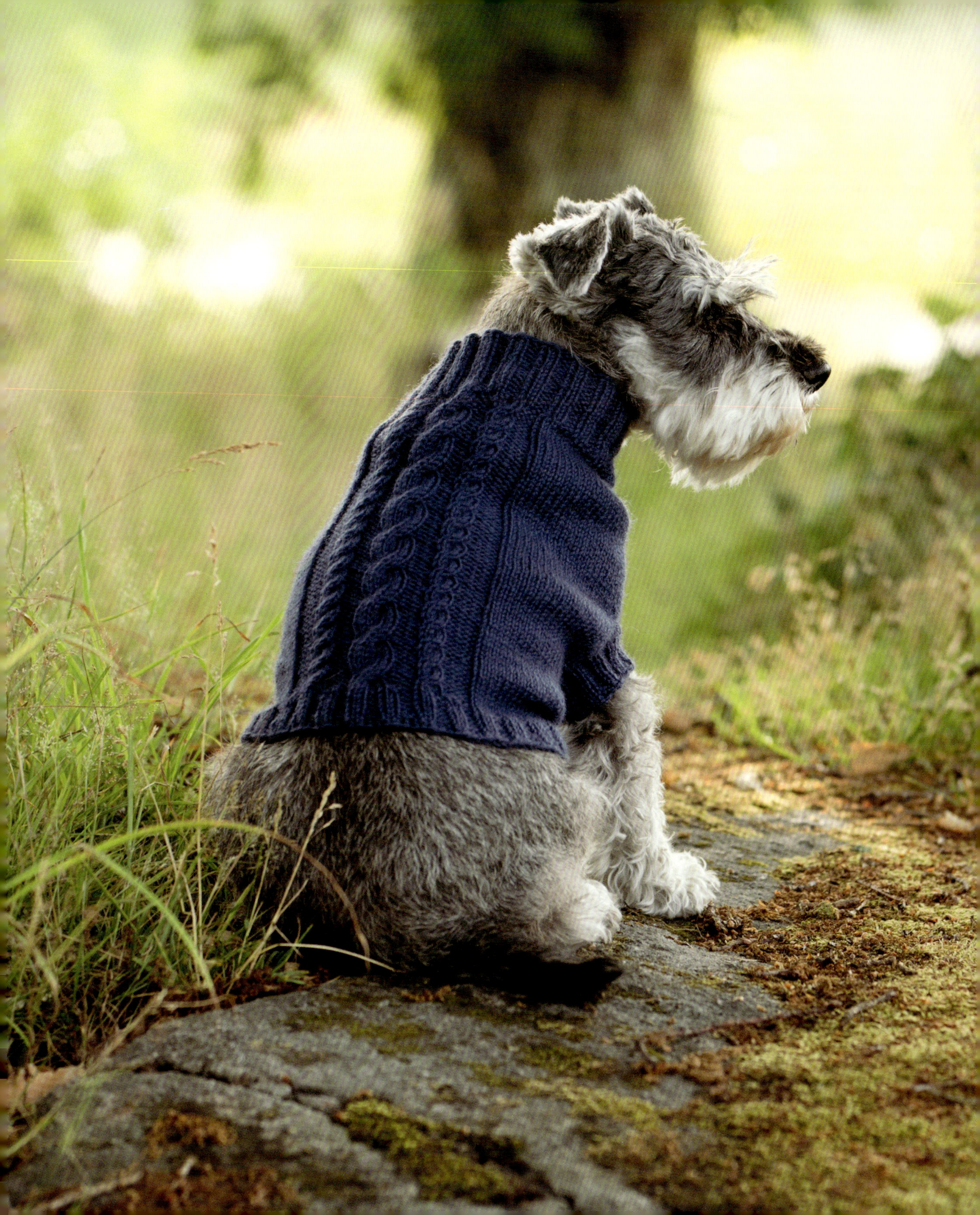

Pullover mit Zöpfen

Ein wirklich aufwendiger Pullover mit Beinen und schönen Zöpfen auf dem Rücken. Für die Gelegenheiten, bei denen man gut und schick aussehen will.

Garn: Peer Gynt von Sandnes Garn, 100 % norwegische Wolle, 50 g = ca. 91 Meter, Farbe: Dunkelblau 6364.
Größe: S (M) L
Das Maß unten bezieht sich auf die Größe des Kleidungsstückes.
Halsumfang: ca. 31 (37) 42 cm
Brustweite: ca. 40 (45) 51 cm
Länge: ca. 27 (30) 31 cm
Garnmenge: 100 (100) 150 g
Glatt re: In Reihen: Hinreihe re M, Rückreihe li M stricken; in Runden: Alle M re stricken.
Glatt li: In Reihen: Hinreihe li M, Rückreihe re M stricken; in Runden: Alle M li stricken.
Maschenprobe: 22 M glatt rechts mit Stricknadeln 3,5 mm = 10 cm
Stricknadeln: Rundstricknadel 3,5 mm, 40 cm lang; Nadelspiel 3,5 mm; Zopfnadel für die Zöpfe

Bündchen

Der Pullover wird auf einer Rundstricknadel vom Kragen nach unten in Runden gestrickt. 68 (80) 92 M auf der 40 cm langen Rundstricknadel 3,5 mm anschlagen. 4 (5) 5 cm im doppelten Rippenmuster mit 2 M re, 2 M li stricken.

Oberteil

Einen Maschenmarkierer zwischen 2 M einhängen, dieser markiert den Rundenbeginn und die Mitte der Arbeit. In der 1. Runde nach dem Bündchen, die glatt rechts gestrickt wird, werden 20 M wie folgt gleichmäßig verteilt zugenommen: * 3 (4) 4 M re stricken, 1 M zunehmen *. Von * bis * wiederholen = 88 (100) 112 M. Der Pullover wird glatt rechts gestrickt mit einer Zopfpartie über 28 M mittig auf dem Rücken. (Vgl. die Strickschrift unten, die die Reihen/Runden 4–11 zeigt.)

Reihen/Runden 1–3: 30 (36) 42 M re, 4 M li, 4 M re, 3 M li, 6 M re, 3 M li, 4 M re, 4 M li, 30 (36) 42 M re.

Reihen/Runde 4: 30 (36) 42 M re, Z4H, 4 M li, 4 M re, 3 M li, Z6H, 3 M li, Z4H, 4 M li, 30 (36) 42 M re.

Reihen/Runden 5–7: 30 (36) 42 M re, 4 M li, 4 M re, 3 M li, 6 M re, 3 M li, 4 M re, 4 M li, 30 (36) 42 M re.

Reihen/Runde 8: 30 (36) 42 M re, Z4H, 4 M li, 4 M re, 3 M li, 6 M re, 3 M li, Z4H, 4 M li, 30 (36) 42 M re.

Reihen/Runden 9–11: 30 (36) 42 M re, 4 M li, 4 M re, 3 M li, 6 M re, 3 M li, 4 M re, 4 M li, 30 (36) 42 M re.

Reihen/Runden 4–11 stets wiederholen.

Wenn du 2 (3) 3 Rapporte über 6 M im mittleren Zopf gestrickt hast und in der letzten Runde vor Zopf 4 (4) 4 bist, sollte der Pullover ca. 13 (14) 14 cm messen. Warte mit dem nächsten Zopf.

Teilen für die Vorderbeine

Jetzt wird die Arbeit wie folgt für die Beine geteilt: 8 (9) 10 M nach dem Maschenmarkierer stricken, wenden und 16 (18) 20 M links zurückstricken. Über diese 16 (18) 20 M in Reihen hin- und zurück stricken, bis das Teil 6 (8) 8 cm misst. Diese M stilllegen.

Mittlere Zopfpartie auf dem Rücken

Die Strickschrift zeigt die Reihen/Runden 4–11 der Zopfpartie über 28 M, die mittig auf dem Rücken gearbeitet werden.

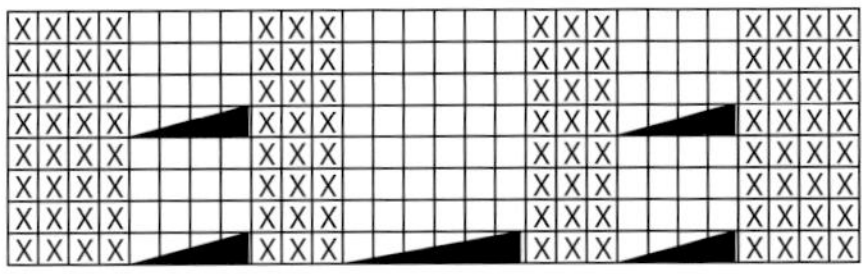

X = Hinreihe (rechte Seite) li M, Rückreihe (linke Seite) re M (= glatt li), in Runden: Alle M links stricken.

☐ = Hinreihe (rechte Seite) li M, Rückreihe (linke Seite) li M (= glatt re), in Runden: Alle M rechts stricken

= Z4H, Zopf über 4 M stricken, dabei 2 M auf die Zopfnadel hinter die Arbeit legen, 2 M re stricken, die 2 M re von der Zopfnadel abstricken

= Z6H, Zopf über 6 M stricken, dabei 3 M auf die Zopfnadel hinter die Arbeit legen, 3 M re stricken, die 3 M re von der Zopfnadel abstricken

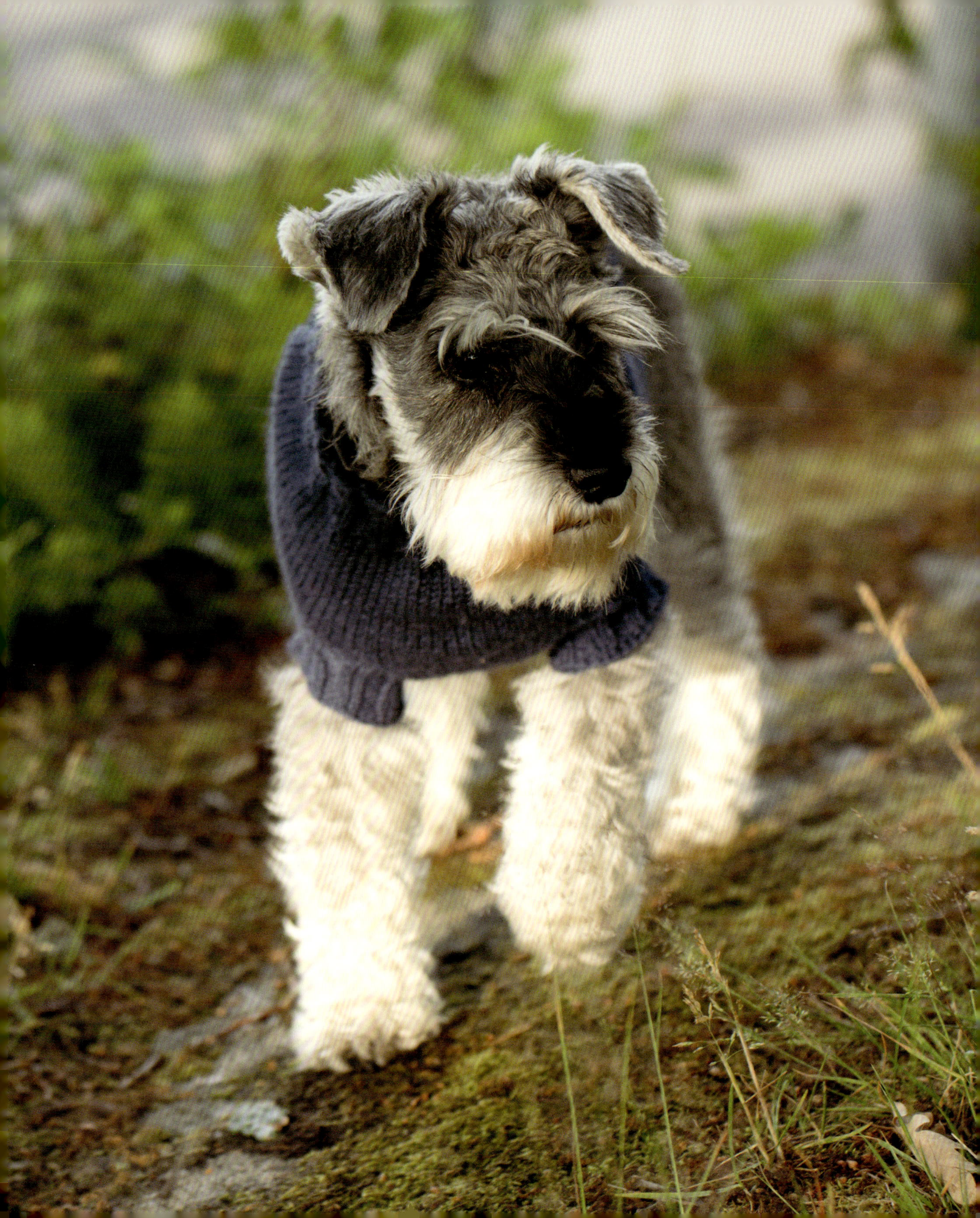

Rückenteil

Nun wird das Rückenteil in Reihen (Hin- und Rückreihen) gestrickt. Beginne mit dem Stricken auf der rechten Seite links des Mittelteils. Die 1. Reihe ist eine Zopfreihe. Die ersten 4 (5) 6 M abketten und in der restlichen Reihe rechte M stricken. Wenden und die ersten 4 (5) 6 M abketten = 64 (72) 80 M. Glatt rechts mit der Zopfpartie in der Mitte weiter stricken, bis dieses Teil 6 (8) 8 cm misst.

Unterteil

Jetzt werden beide Teile auf die Rundstricknadel genommen. Dabei je 4 (5) 6 neue M zwischen den Teilen anschlagen, sodass wieder 88 (100) 112 M auf der Rundstricknadel sind. Glatt rechts in Runden stricken mit der Zopfpartie in der Mitte, bis der Pullover ca. 22 (25) 25 cm misst. Darauf achten, dass du zuletzt eine Zopfrunde über den kleinen Zopf mit 4 M gestrickt hast. Nun beginnt das Abnehmen für den Bauch. Lege 12 (14) 17 M vor und 12 (14) 17 M nach der Mittelmarkierung still = 64 (72) 78 M. Glatt rechts in Hin- und Rückreihen stricken mit der Zopfpartie in der Mitte. Zu Beginn jeder Reihe 2x 2 M und 1x 1 M abnehmen = 54 (62) 68 M.
5 M anschlagen und die mittleren 24 (28) 34 M auf die Rundstricknadel nehmen, 5 M auf der anderen Seite anschlagen = 88 (100) 112 M. Bis zur Mittelmarkierung stricken und dann den Pullover in Runden im Bündchenmuster 2 M re, 2 M li weiterarbeiten. Nach 2 (2) 3 cm im Bündchenmuster alle M abketten. Der Pullover misst nun ca. 27 (30) 31 cm.

Beine

Nimm auf der rechten Seite des Pullovers rund um die Kante des Beinausschnitts ca. 36 (40) 44 M mit dem Nadelspiel 3,5 mm auf (eine durch 4 teilbare Maschenzahl). Stricke ca. 2 (3) 4 cm in Runden im Bündchenmuster 2 M re, 2 M li. Elastisch abketten (vgl. Seite 70). Das 2. Bein genauso stricken. Alle Fäden vernähen.

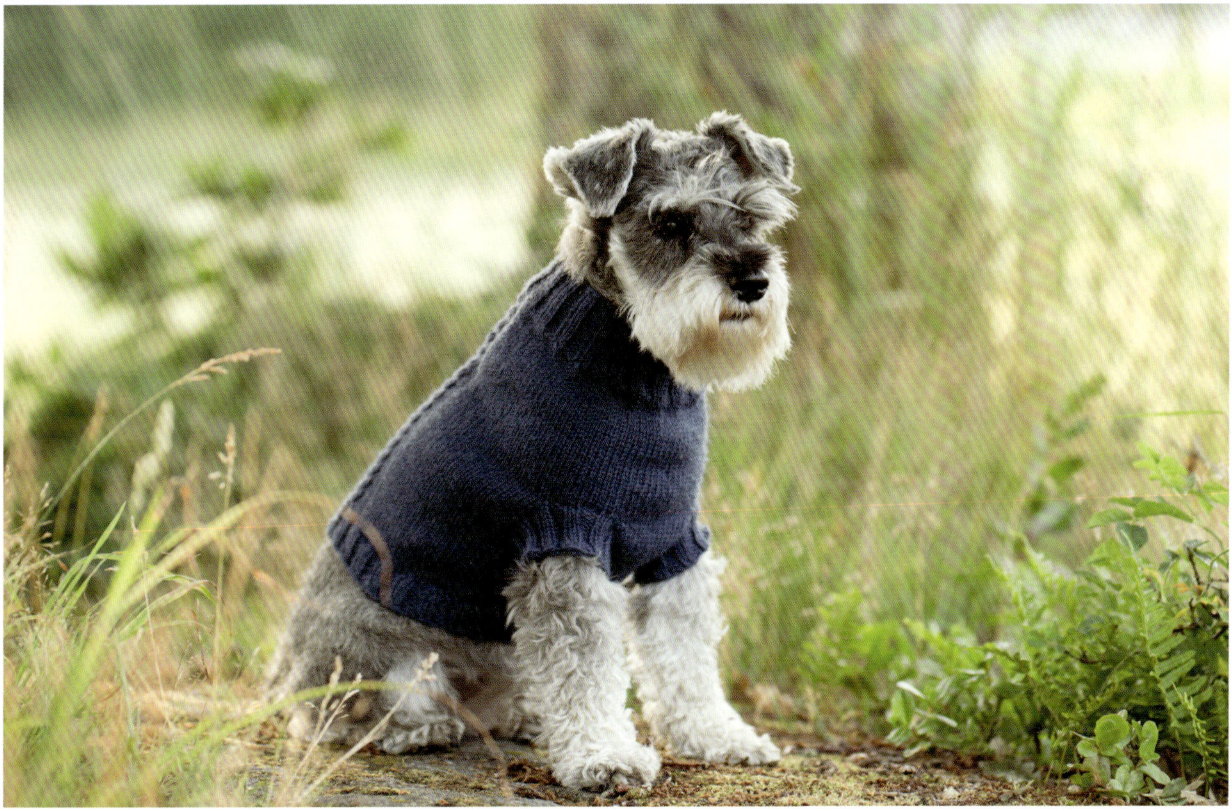

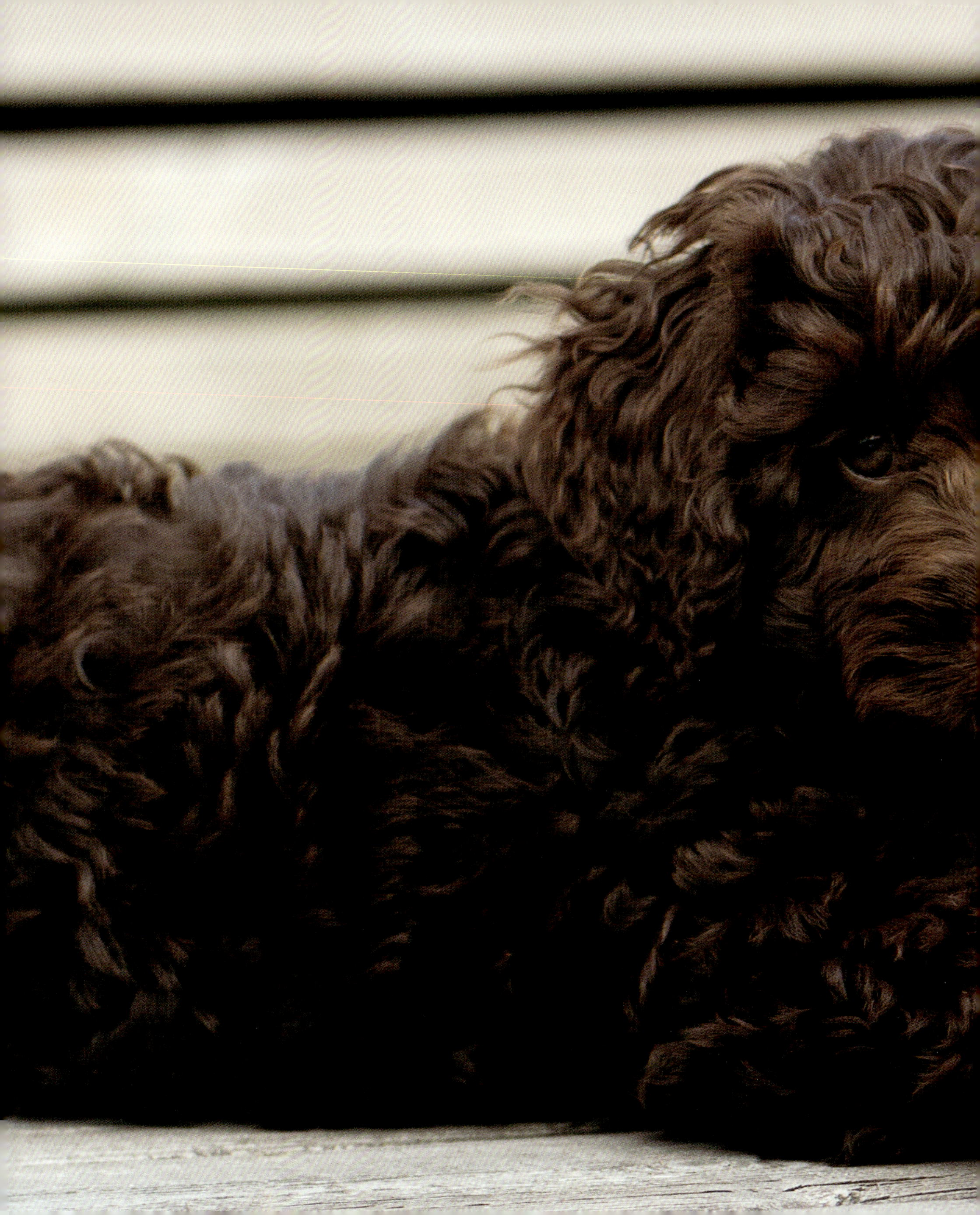

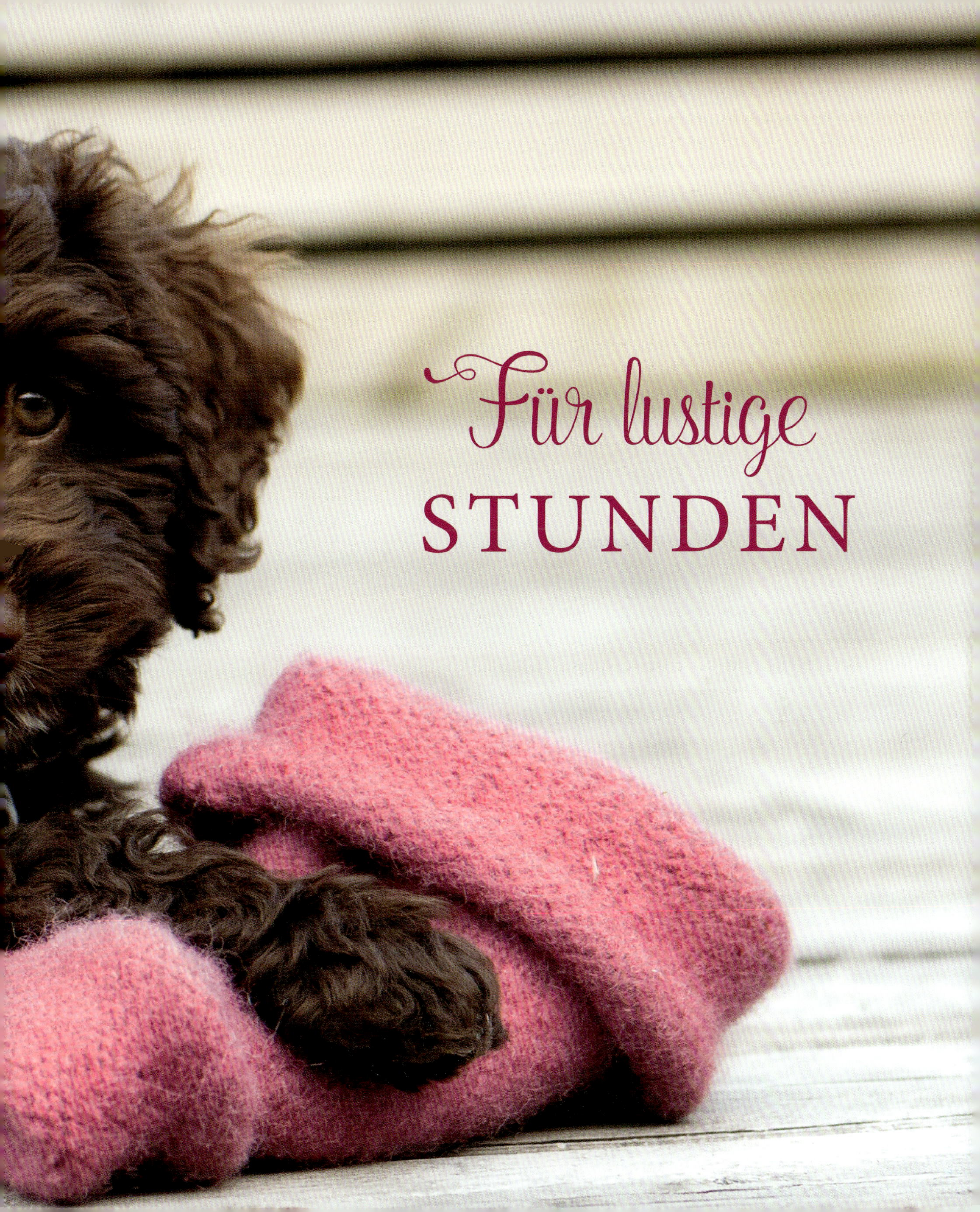

Für lustige STUNDEN

Wollring

Alle sollten einen gefilzten Wollring zum Spielen haben, findet Darki, der am liebsten daliegen und gemütlich herumkauen will.

Garn: Fritidsgarn von Sandnes Garn, 100 % norwegische Wolle, 50 g = ca. 70 Meter, Farbe: Goldbraun 2564. Gemessen nach dem Filzen.
Durchmesser: ca. 13 cm
Garnmenge: 50 g
Maschenprobe: 15 M glatt rechts mit Stricknadeln 5,5 mm = 10 cm
Stricknadeln: Rundstricknadel 5,5 mm, 40 cm lang

Schlauch
Du strickst einen Schlauch, den du anschließend zu einem Ring zusammennähst. 50 M mit der 40 cm langen Rundstricknadel 5,5 mm anschlagen und rechte M in Runden stricken. So lange stricken, bis das Garn fast aufgebraucht ist, M abketten. Der Schlauch misst nun ca. 28 cm. Ca. 50 cm Garn für das Zusammennähen aufheben.

Zusammennähen und filzen
Den Schlauch von der unteren Kante her aufrollen, bis ein gleichmäßiger und glatter Ring entstanden ist. Dabei locker rollen und zum Schluss die obere Kante rundum festnähen, so dass sich ein Ring ergibt. Eine Schüssel mit warmem Wasser füllen und etwas Seife darin auflösen, ein Esslöffel reicht für ca. 5 Liter Wasser. Den Ring in das Seifenwasser tauchen und eine Weile massieren.
Es macht nichts, wenn er dadurch größer wird. Das Wasser ausdrücken. Ohne Waschpulver und Weichspüler in der Waschmaschine bei 60 °C mit einem Handtuch waschen. Nach dem Waschen, wenn der Ring noch feucht ist, in Form ziehen und liegend trocknen lassen.

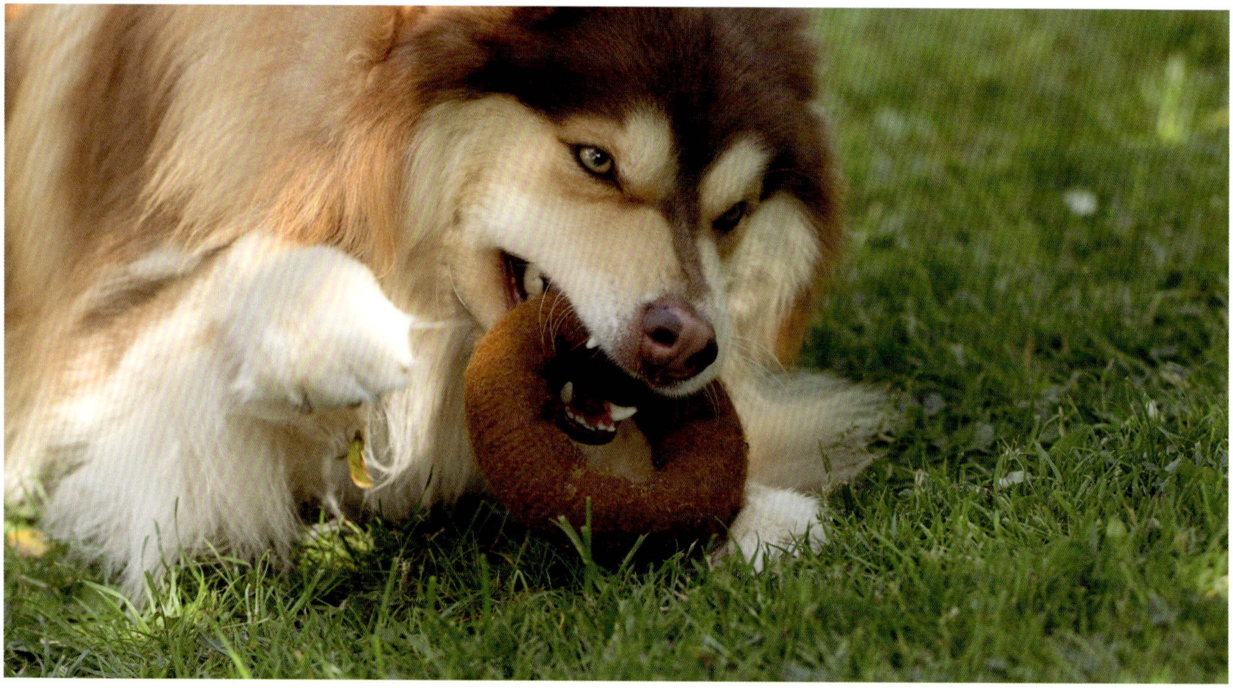

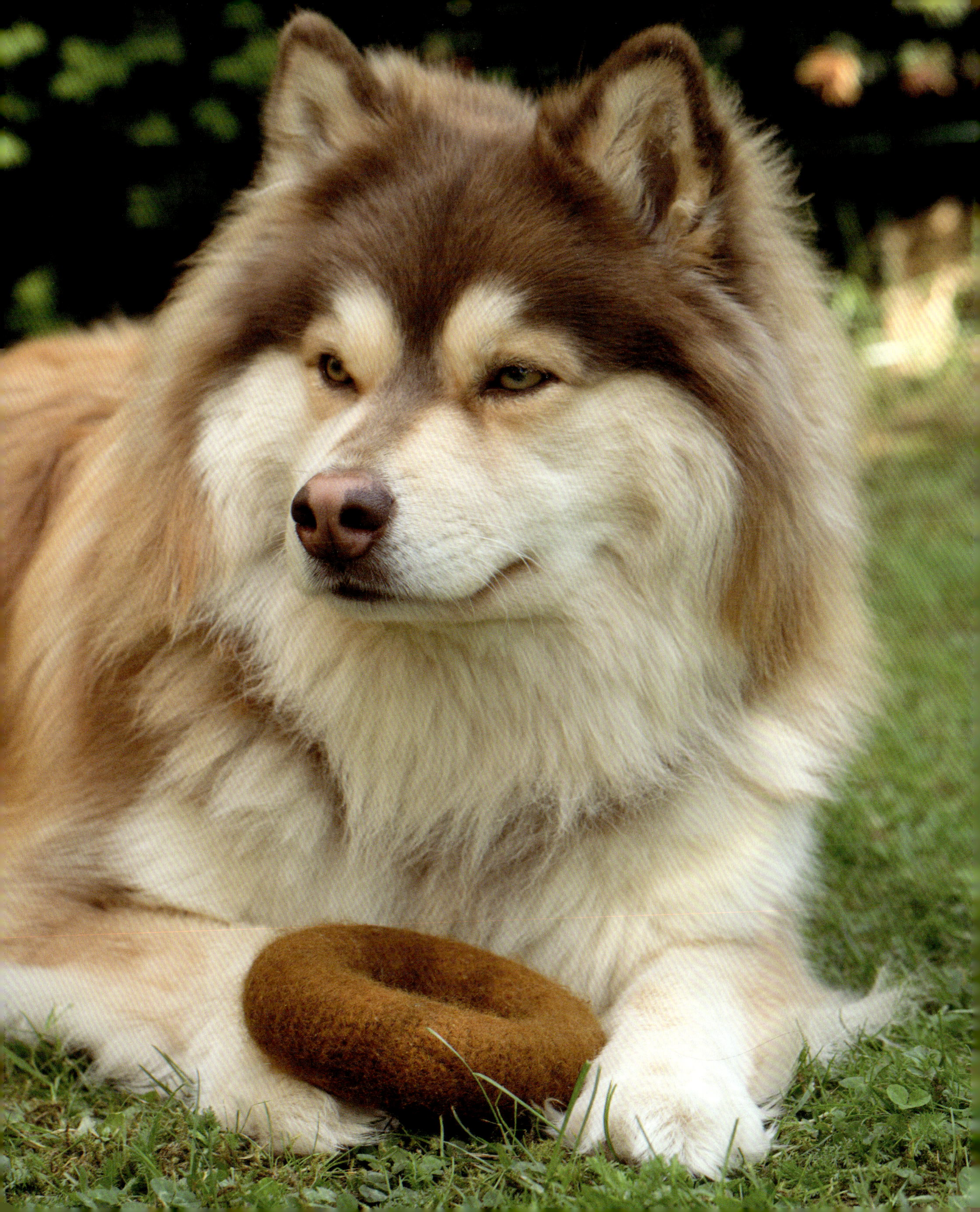

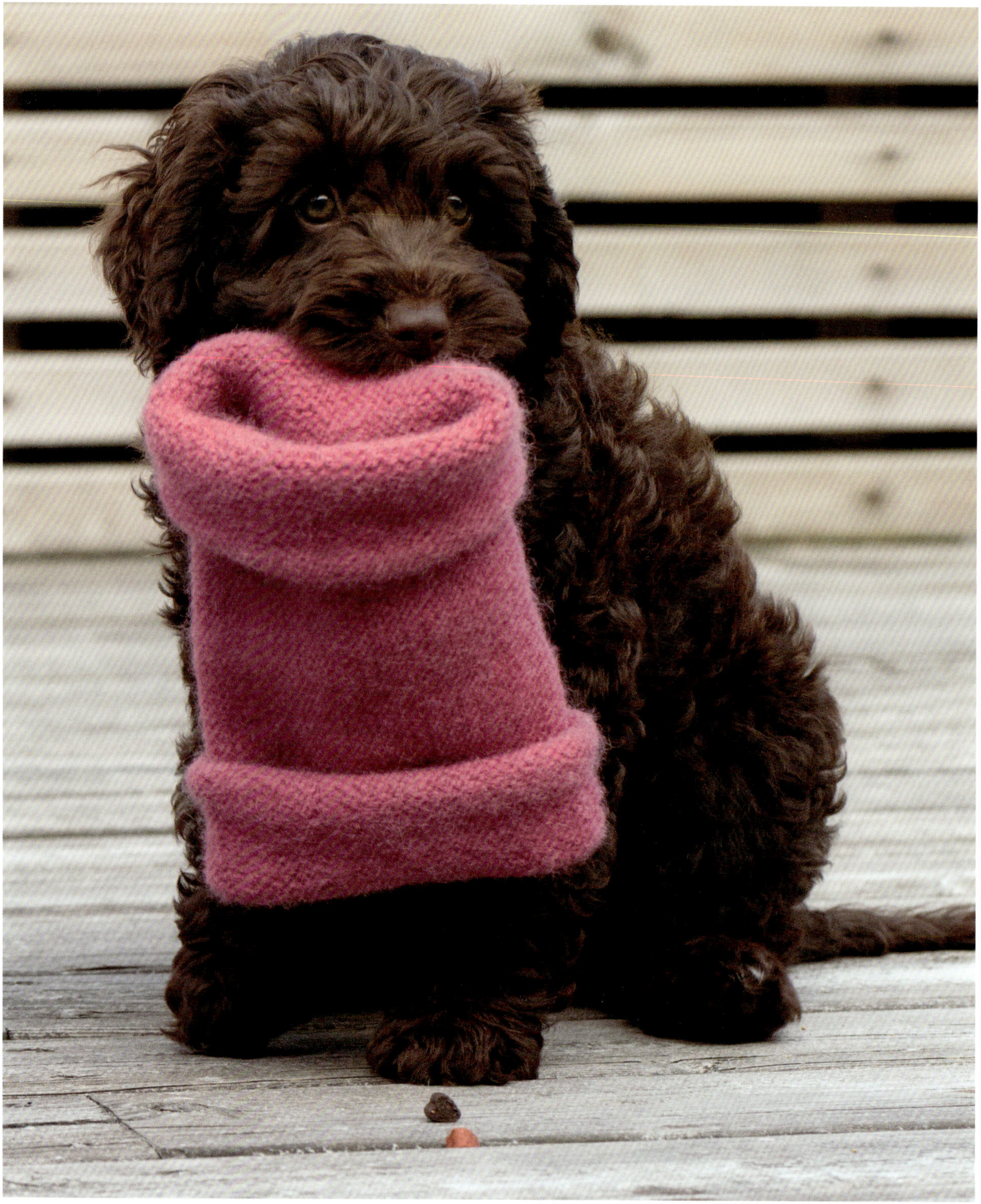

Versteck für Leckereien

Pelle wundert sich darüber, wo die Leckereien sind. So viele spannende Falten zum Erforschen! Ein- oder zweimal umgefaltet und schon kann die Suche beginnen!

Garn: Fritidsgarn von Sandnes Garn, 100 % norwegische Wolle, 50 g = ca. 70 Meter, Farbe: Pflaume 4644.
Gemessen nach dem Filzen.
Breite: ca. 14 cm
Länge: ca. 30 cm
Garnmenge: 100 g
Maschenprobe: 15 M glatt rechts mit Stricknadeln 5,5 mm = 10 cm
Stricknadeln: Rundstricknadel 5,5 mm, 40 cm lang

Schlauch
50 M mit der 40 cm langen Rundstricknadel 5,5 mm anschlagen und rechte M in Runden stricken. So lange stricken, bis das Stück 40 cm lang ist, abketten und den Faden vernähen.

Filzen
Eine Schüssel mit warmem Wasser füllen und etwas Seife darin auflösen, 1 Esslöffel reicht für 5 Liter Wasser. Den Schlauch in das Seifenwasser tauchen und eine Weile massieren.

Das Wasser ausdrücken. Ohne Waschpulver und Weichspüler in der Waschmaschine bei 60 °C mit einem Handtuch waschen. Nach dem Waschen nach Belieben in Form ziehen und liegend trocknen lassen.

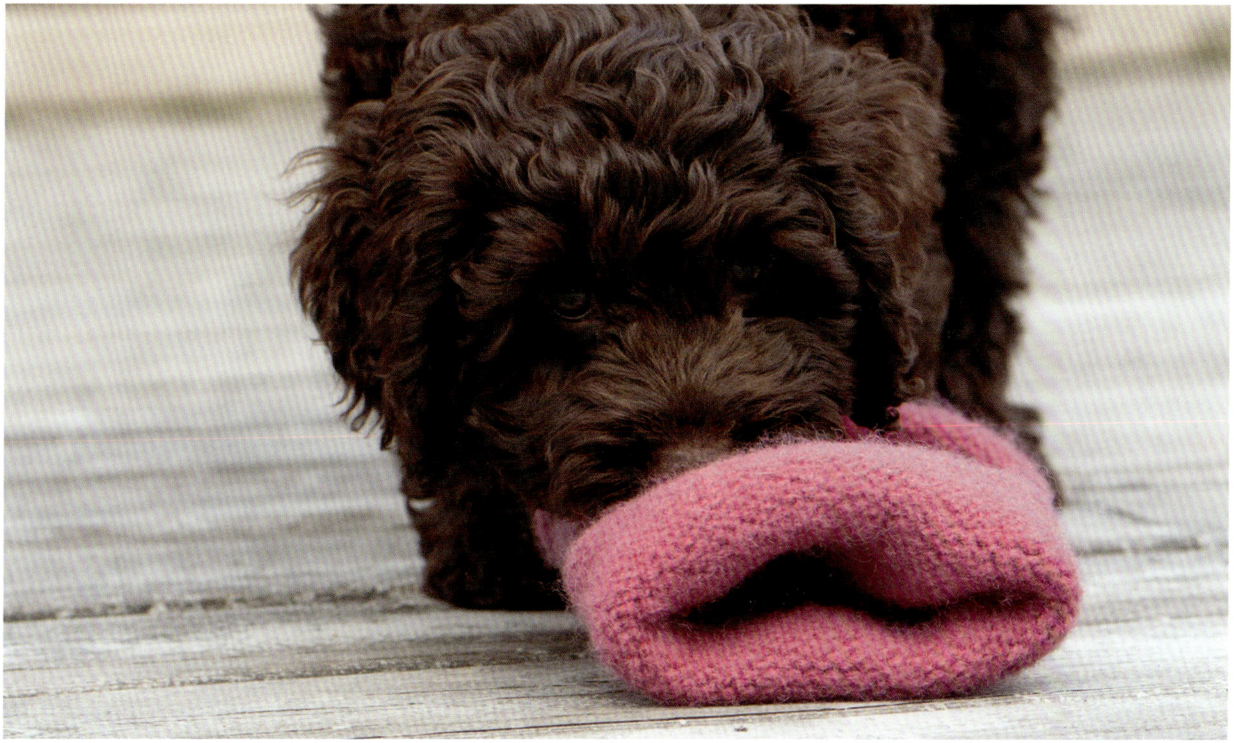

Gefilzter Ball

Gibt es etwas Lustigeres als gefilzte Bälle?
Ein Glück für Frauchen und Herrchen, dass sie so einfach und schön selbst zu machen sind.

Garn: Fritidsgarn von Sandnes Garn, 100 % norwegische Wolle, 50 g = ca. 70 Meter, Farben: Grün 8264, Dunkelgrün 8571, Pflaume 4644, Rosa 4715, Goldbraun 2564.
Größe:
Nach dem Filzen gemessen.
6 (7) 8 cm Durchmesser
Vor dem Filzen gemessen.
8 (9) 10 cm Durchmesser
(Ein Tennisball hat ca. 7 cm Durchmesser.)
Garnmenge: 50 g je Farbe
Zusätzlich: Nylonstrumpf

Ball

Wickle das Garn zu einem schönen und gleichmäßigen Ball auf. Die beste gefilzte Oberfläche erhältst du, wenn du relativ locker wickelst. Der Faden soll nicht zu straff sein. Ziehe dann das Fadenende in das Garn hinein, so dass es im Inneren verschwindet. Der Ball schrumpft ca. 2 cm im Durchmesser beim Filzen. Entsprechend solltest du ihn größer wickeln, als er später sein soll.

Filzen

Nimm einen Nylonstrumpf und lege den Ball hinein. An beiden Enden fest verknoten, sodass der Strumpf ganz eng anliegt. Eine Schüssel mit warmem Wasser füllen und etwas Seife darin auflösen, 1 Esslöffel reicht für 5 Liter Wasser. Den Ball in das Seifenwasser tauchen und ein paarmal zwischen den Händen hin- und her rollen. Das Wasser ausdrücken. Ohne Waschpulver und Weichspüler in der Waschmaschine bei 60 °C mit einem Handtuch waschen. Nach dem Waschen, wenn der Ball noch feucht ist, formst du ihn – falls nötig – schön rund. Trocknen lassen. Den Nylonstrumpf aufschneiden und den Ball herausnehmen. Wenn der Ball eine schöne und gleichmäßige Oberfläche bekommen soll, kannst du ihn zusätzlich ca. 30 Minuten im Wäschetrockner trocknen. Ein 2. Mal waschen, falls er noch fester werden soll.

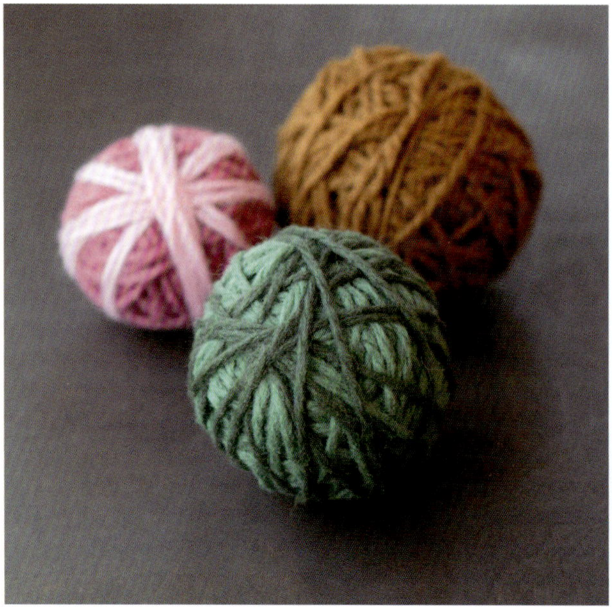

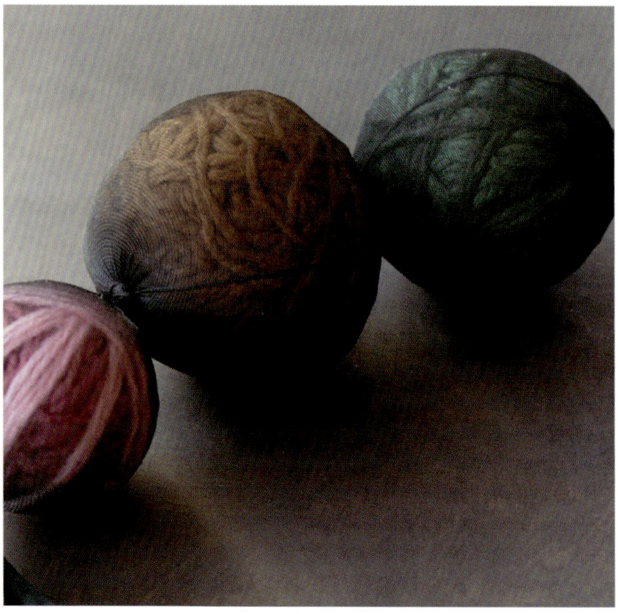

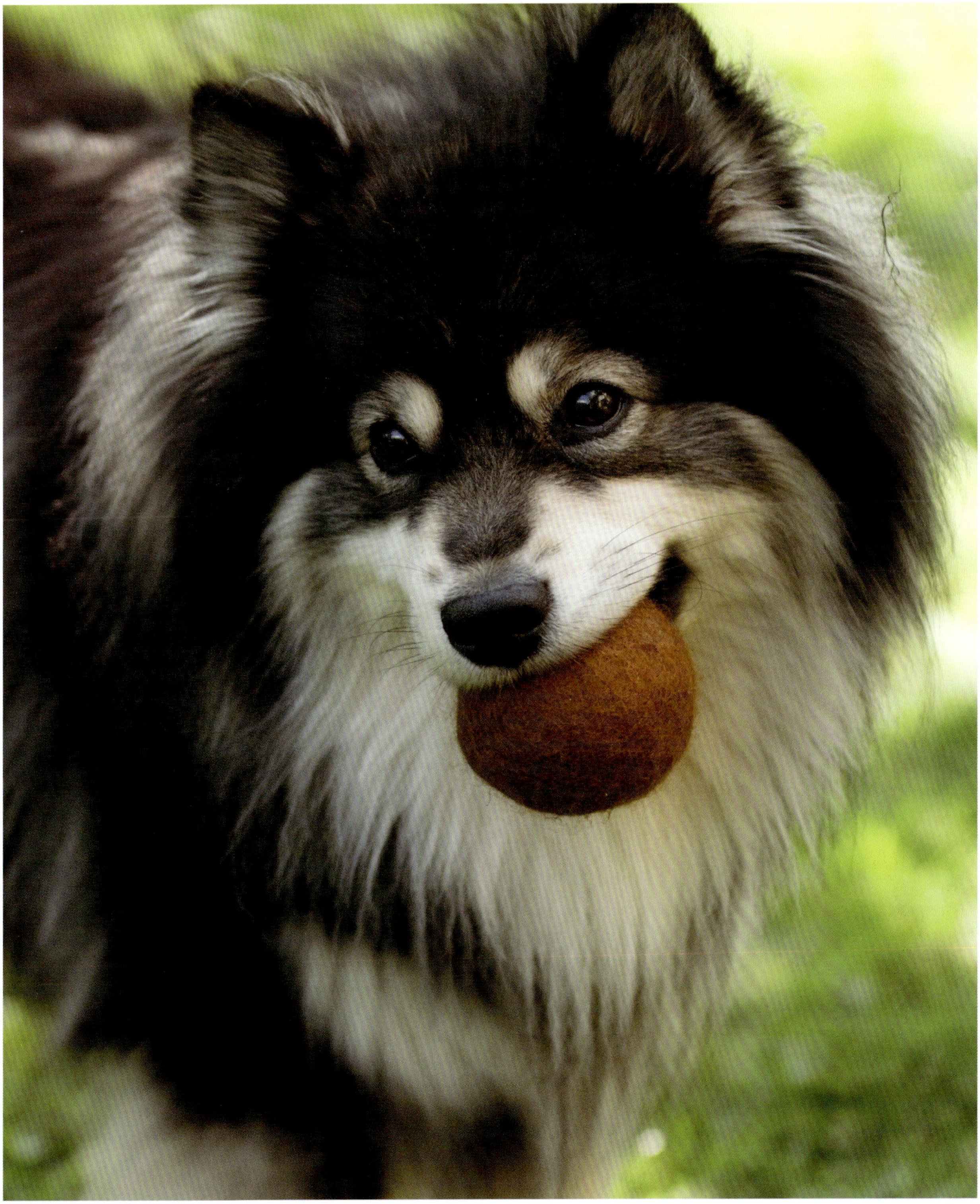

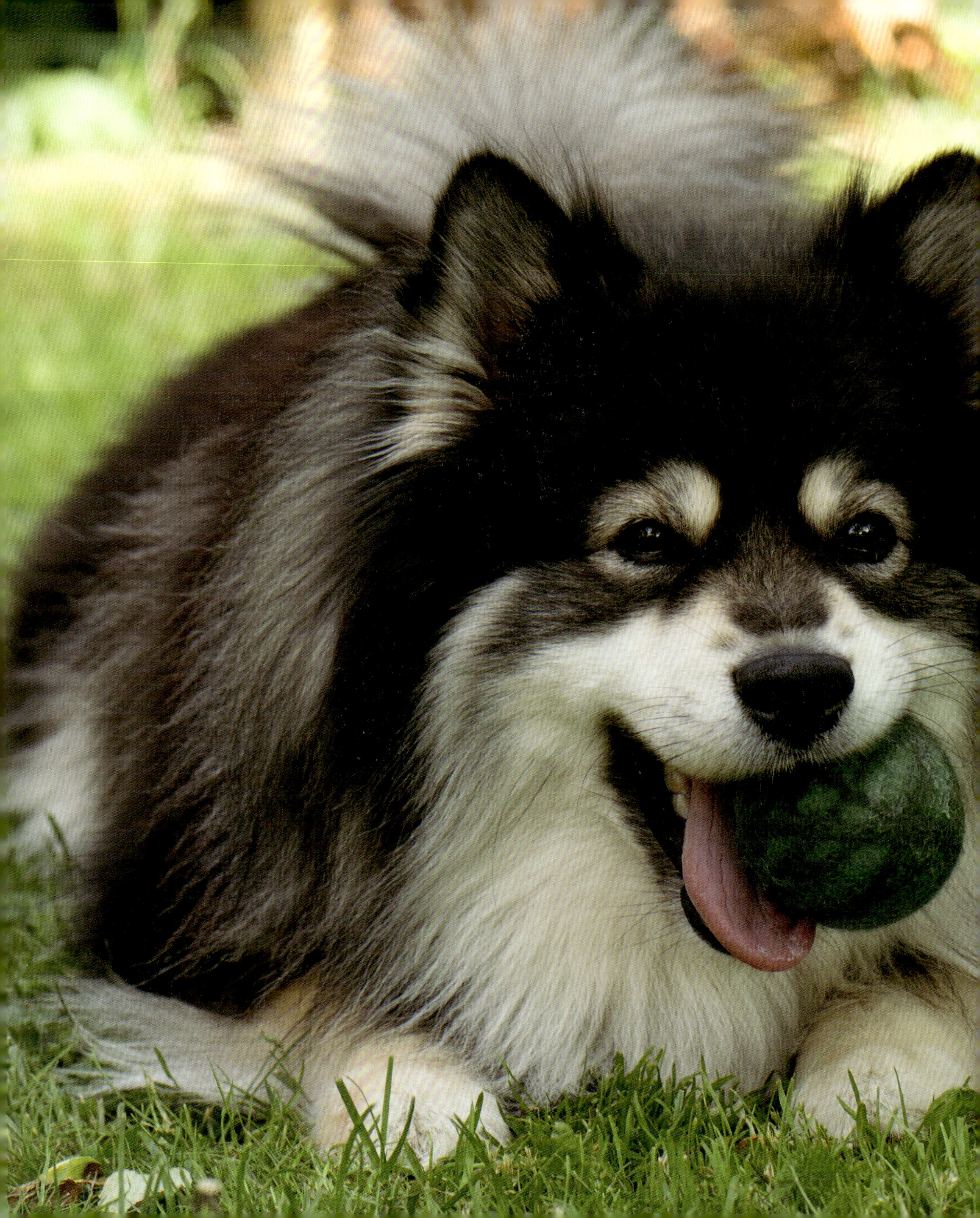

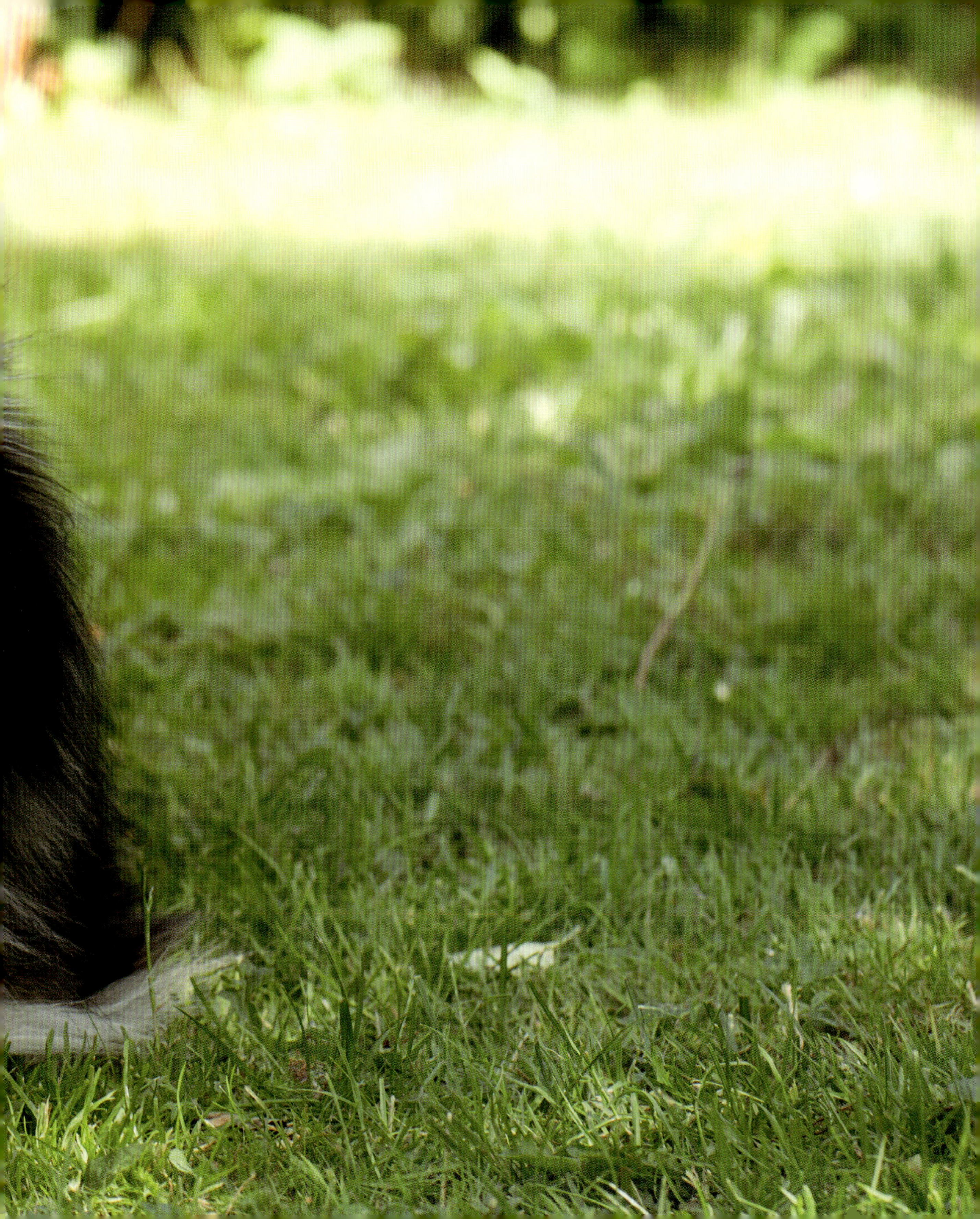

Frosch

Es ist für den Vierbeiner ziemlich lustig, den Frosch zu erkunden: Arme, Beine und ein dicker Bauch zum Kauen. Wenn er besonders witzig sein soll, kannst du einen Squeaker einarbeiten, der quietscht, wenn daran geknabbert wird.

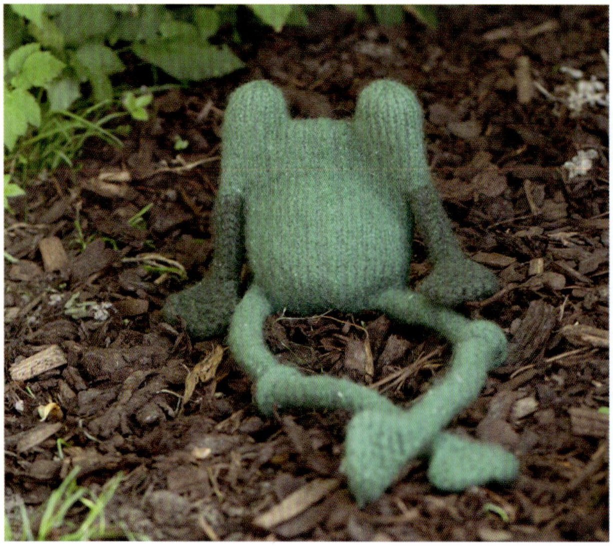

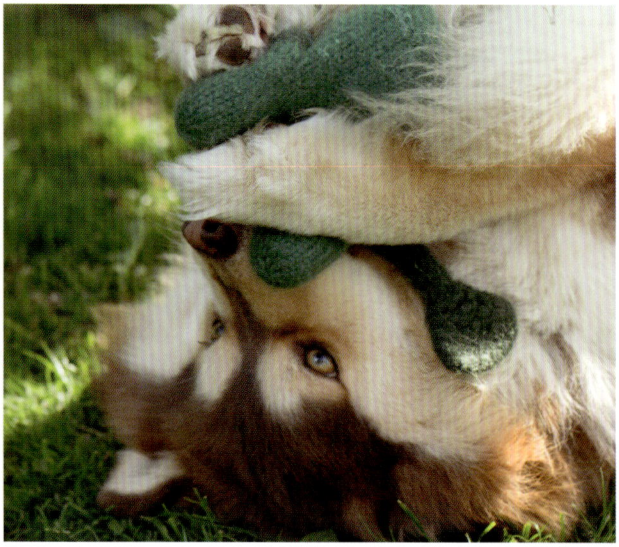

Garn: Fritidsgarn von Sandnes Garn, 100 % norwegische Wolle, 50 g = ca. 70 Meter, Farben: Grün 8264, Dunkelgrün 8571.
Gemessen nach dem Filzen.
Länge des Körpers: ca. 15 cm (an der längsten Stelle gemessen)
Länge der Beine: ca. 36 cm
Breite des Körpers: ca. 12 cm
Garnmenge: 50 g Grün 8264, 50 g Dunkelgrün 8571
Stricknadeln: Nadelspiel 5,5 mm und 8 mm

Fuß

6 M in Grün mit doppeltem Faden auf einer Nadel 8 mm anschlagen. 3 Reihen rechte M stricken.
Abnahmereihe 1: 1 M re, 2 M zusammen stricken, 2 M re, 2M zusammen stricken, 1 M re = 6 M. 1 Reihe rechts ohne Abnahmen stricken.
Abnahmereihe 2: 1 M re, 2 M zusammen stricken, 2 M zusammen stricken, 1 M re = 4 M. 3 Reihen rechts ohne Abnahmen stricken.

Bein

Die Beine werden in Grün wie eine Schnur mit Nadel 5,5 mm an den Fuß gestrickt. Die Stricknadel wenden, die Arbeit auf die andere Seite der Stricknadel schieben, 4 rechte M stricken.
* Die Arbeit auf die andere Seite der Stricknadel schieben, 4 rechte M stricken*. Für die gesamte Schnur von * bis * wiederholen (vgl. Anleitung Seite 72). Du wendest also die Arbeit nicht, wie man es normalerweise macht, wenn man mit 2 Stricknadeln strickt. Wenn das gesamte Bein inklusive Fuß 50 cm misst, diese M stilllegen. Das 2. Bein ebenso stricken.

Körper

8 M in Grün mit einem Faden mit einer Nadel 5,5 mm anschlagen, 1 Bein anstricken, indem beide Anschlagsfäden erfasst werden, 16 neue M anschlagen. Das 2. Bein anstricken, indem beide Anschlagsfäden erfasst werden, 8 neue M anschlagen = 40 M. Mit dem Nadelspiel in Runden glatt rechts stricken, bis der Körper 11 cm misst. Den Körper zur Seite legen.

Hände und Arm

Eine Hand auf die gleiche Art stricken, wie der Fuß gestrickt wurde, jedoch in Dunkelgrün. Die Arme werden wie eine Schnur gestrickt. Die Stricknadel wenden, die Arbeit auf die andere Seite der Stricknadel schieben, 4 rechte M stricken. * Die Arbeit auf die andere Seite der Stricknadel schieben, 4 rechte M stricken*. Die gesamte Schnur von * bis * wiederholen. Wenn der Arm inklusive Hand 11 cm misst, diese M stilllegen. Einen 2. Arm ebenso stricken.

Oberkörper und Gesicht

Jetzt werden die Arme an den Seiten des Körpers angestrickt. 10 M ab Beginn der Reihe stricken, 1 Arm stricken, dann 20 M stricken, den 2. Arm stricken, dann 10 M stricken = 48 M. Mit dem Nadelspiel in Runden glatt rechts stricken, bis der Körper 18 cm misst.

Augen

Die mittleren 8 M auf der Rückseite und der Vorderseite des Körpers abketten, sodass noch 16 M auf jeder Seite sind. Mit diesen 16M mit dem Nadelspiel 7 Runden glatt rechts stricken. In der 8. Runde immer 2 M zusammenstricken, bis nur noch 8 M auf der Stricknadel sind. Den Faden abschneiden, durch alle 8 M ziehen und auf der Innenseite vernähen. Das 2. Auge gegengleich stricken.

Zusammennähen und Filzen

Den Oberkörper bis zu den Augen zusammennähen. Alle Fäden vernähen. Zwei kleine Garnknäuel aufwickeln und je 1 Knäuel in jedes Auge stecken. Ein rundes Garnknäuel von ca. 7 cm Durchmesser wickeln, in den Körper legen und von der Rückseite her im Schritt zusammennähen. (Du kannst auch einen Squeaker in das Garnknäuel legen, damit es quietscht, wenn der Hund daran knabbert). In der Waschmaschine ohne Waschpulver und Weichspüler bei 40 °C zusammen mit einem Frotteehandtuch waschen. Den Frosch, wenn er noch feucht ist, in Form ziehen und liegend trocknen lassen. Anschließend als lustiges und kaufreundliches Kniegelenk je 1 Knoten mittig in jedes Bein machen.

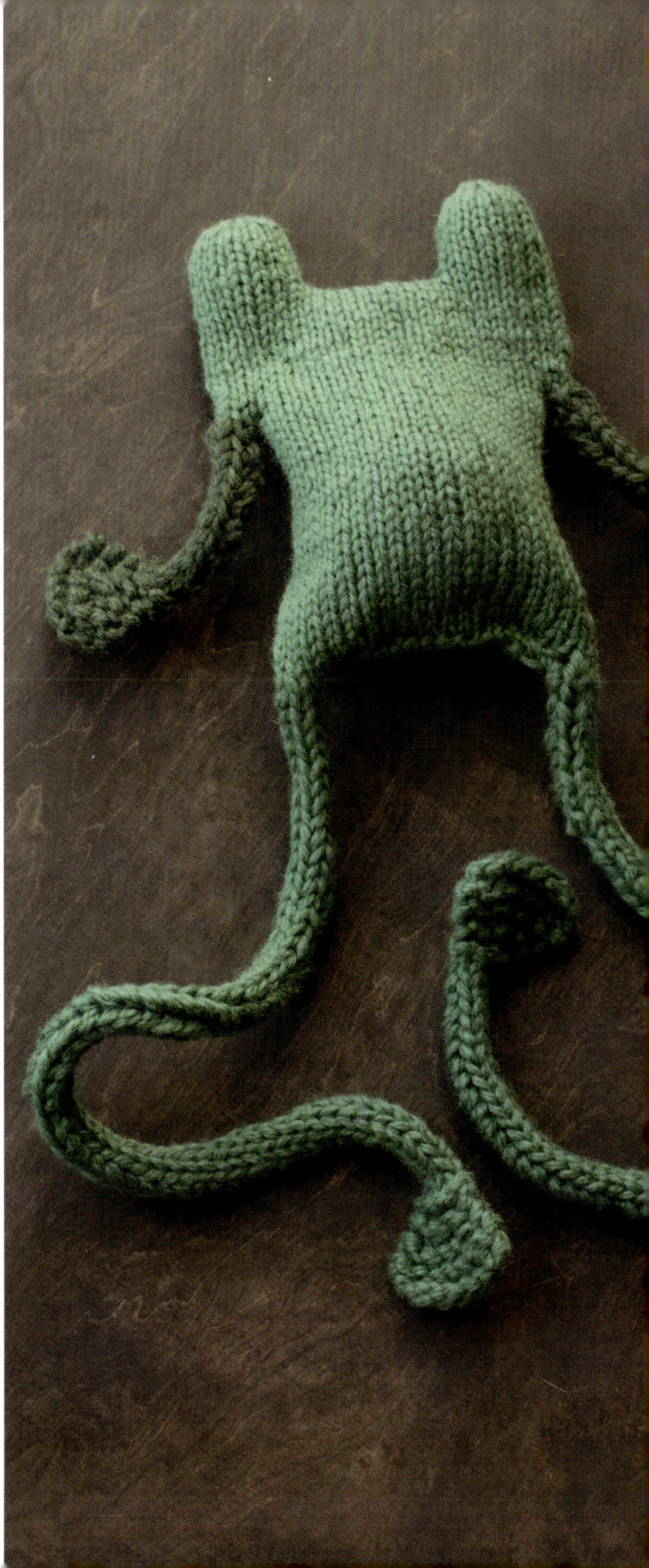

Spielzopf

Ein Spielzopf aus gefilzter Wolle ist total perfekt zum Toben und Spielen, finden Kirro und Darki. Er verträgt heiße Kämpfe und ist unwiderstehlich zum darauf Herumkauen.

Garn: Fritidsgarn von Sandnes Garn, 100 % norwegische Wolle, 50 g = ca. 70 Meter, Farben: Cerise 4627, Rosa 4715, Olivgrün 9336.
Gemessen nach dem Filzen.
Länge: ca. 32 cm (von Knoten zu Knoten gemessen)
Breite: ca. 4 cm
Garnmenge: 50 g (für ein einfarbiges Tau)
Stricknadeln: Nadelspiel 5,5 mm

Tipp!
Wenn du eine Miniversion machen möchtest, kannst du ca. 50 cm lange Schnüre stricken und nur 3 Schnüre statt 6 miteinander verflechten.

Schnur
4 M mit einer Nadel 5,5 mm anschlagen. 4 rechte M stricken, die Arbeit auf die andere Seite der Stricknadel schieben, 4 rechte M stricken, vgl. Anleitung Seite 72. Die gesamte Schnur so weiter arbeiten. Nach 75 cm ab Anschlag die M abketten. Noch 5 weitere Schnüre auf die gleiche Weise stricken. Für meinen Zopf habe ich 3 verschiedene Farben verwendet.

Zopf
Alle 6 Schnüre miteinander verknoten. Einen lockeren Zopf flechten, dafür immer 2 Schnüre zusammennehmen. Am Ende wieder 1 Knoten machen. In der Waschmaschine ohne Waschpulver und Weichspüler bei 40 °C zusammen mit einem Frotteehandtuch waschen. Liegend trocknen lassen.

Die 2 Bilder unten zeigen den Zopf vor dem Filzen.

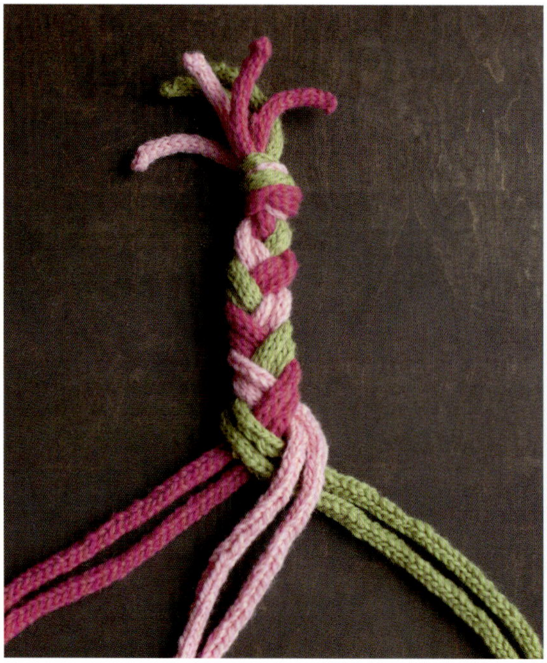

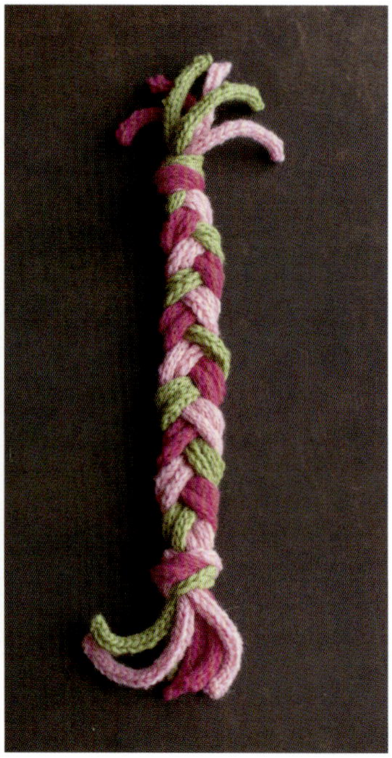

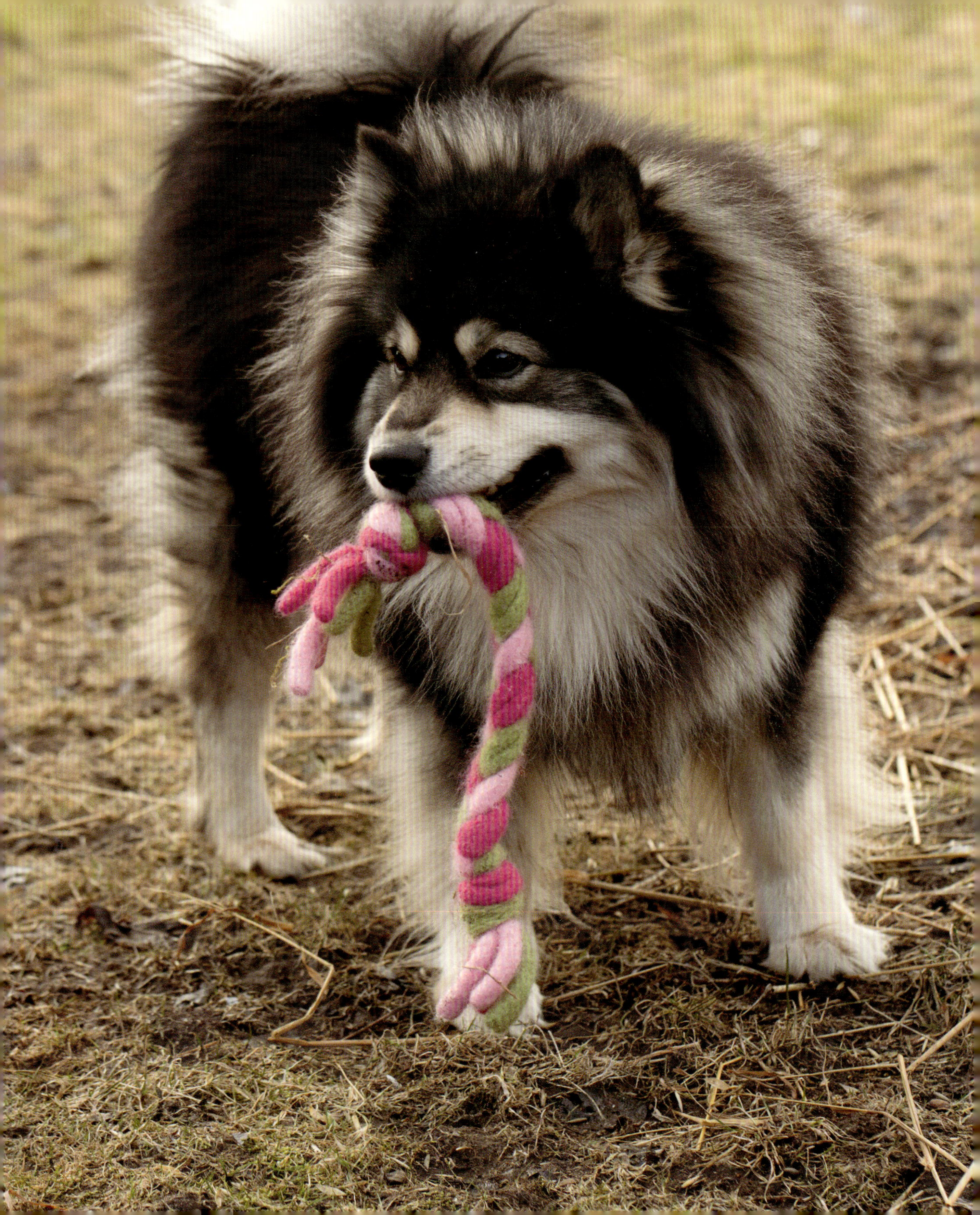

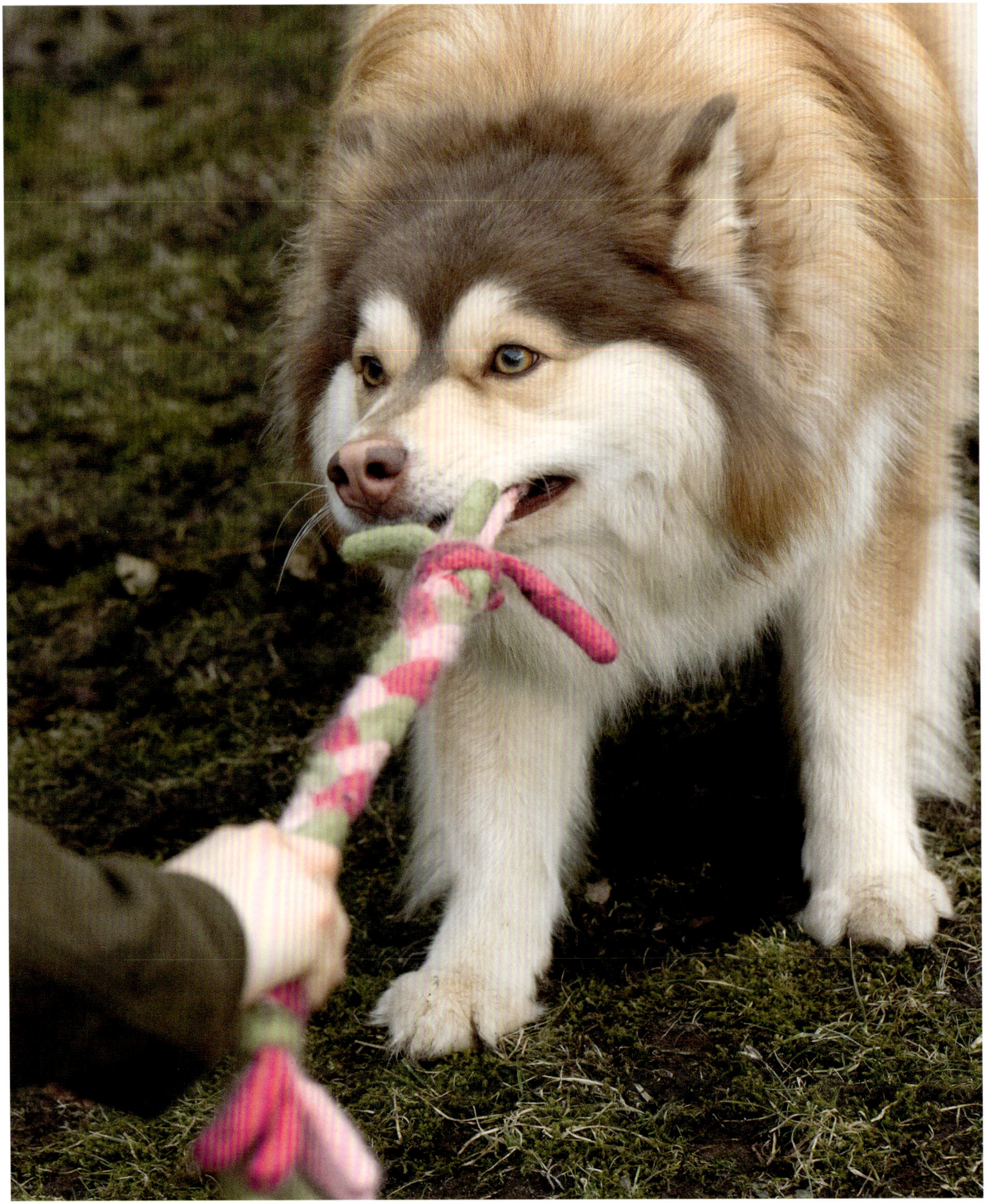

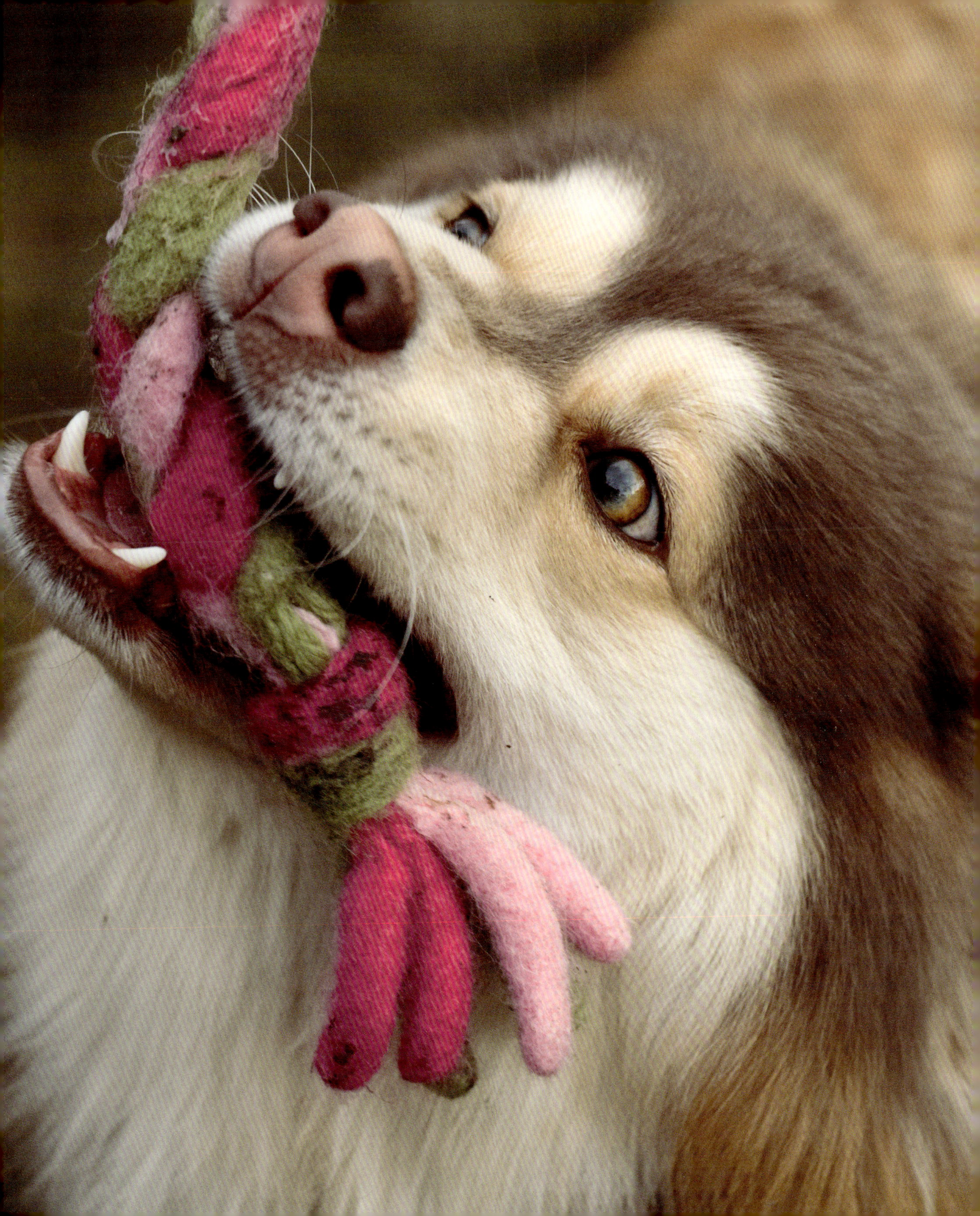

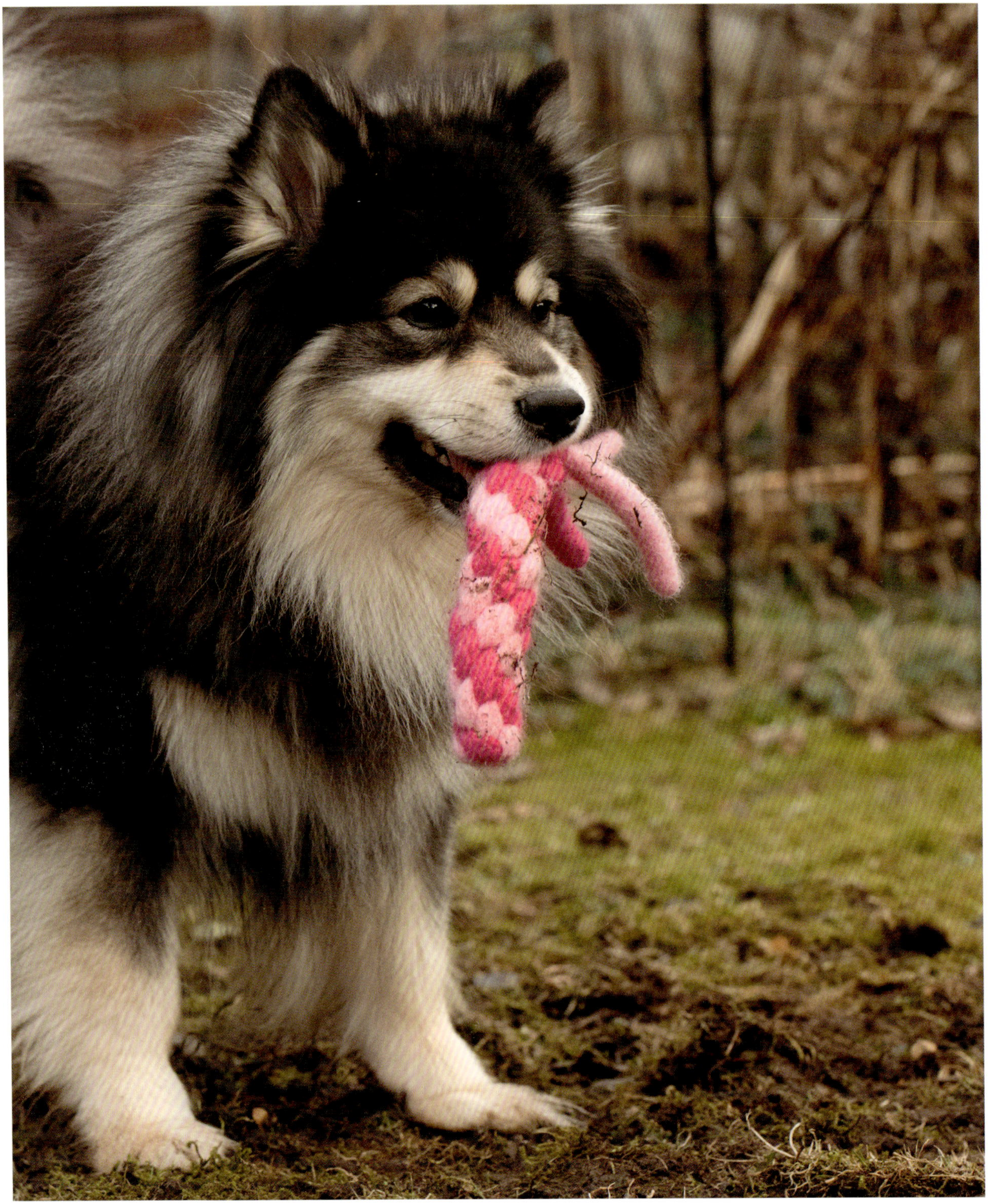

Kauspielzeug

Ein weicher Wollzopf zum darauf Herumkauen.
Die elastischen Knoten sorgen für ein extra interessantes Kaugefühl.

Garn: Fritidsgarn von Sandnes Garn, 100 % norwegische Wolle, 50 g = ca. 70 Meter, Farben: Dunkelrosa 4627, Hellrosa 4715.
Gemessen nach dem Filzen.
Länge: ca. 20 cm (von Knoten zu Knoten gemessen)
Durchmesser: ca. 11 cm
Garnmenge: 100 g
Stricknadeln: Nadelspiel 8 mm

Schnur
4 M mit doppeltem Faden mit einer Nadel 8 mm anschlagen. 4 rechte M stricken, die Arbeit auf die andere Seite der Stricknadel schieben, 4 rechte M stricken, vgl. Anleitung Seite 72. Die gesamte Schnur so weiterarbeiten. Nach ca. 110 cm ab Anschlag oder einer von dir gewünschte Länge die M abketten. Eine zweite Schnur genauso stricken. Für meinen Zopf habe ich 2 verschiedene Farben verwendet.

Runder Zopf
Die Schnüre in der Waschmaschine ohne Waschpulver und Weichspüler bei 40 °C zusammen mit einem Frotteehandtuch waschen. Liegend trocknen lassen. Jetzt wird der Zopf geflochten. Mache einen viereckigen Anfangsknoten nach der Anleitung auf der nächsten Seite. Dann knotest du, wie auf den Abbildungen gezeigt, bis der Zopf die gewünschte Länge erreicht hat.

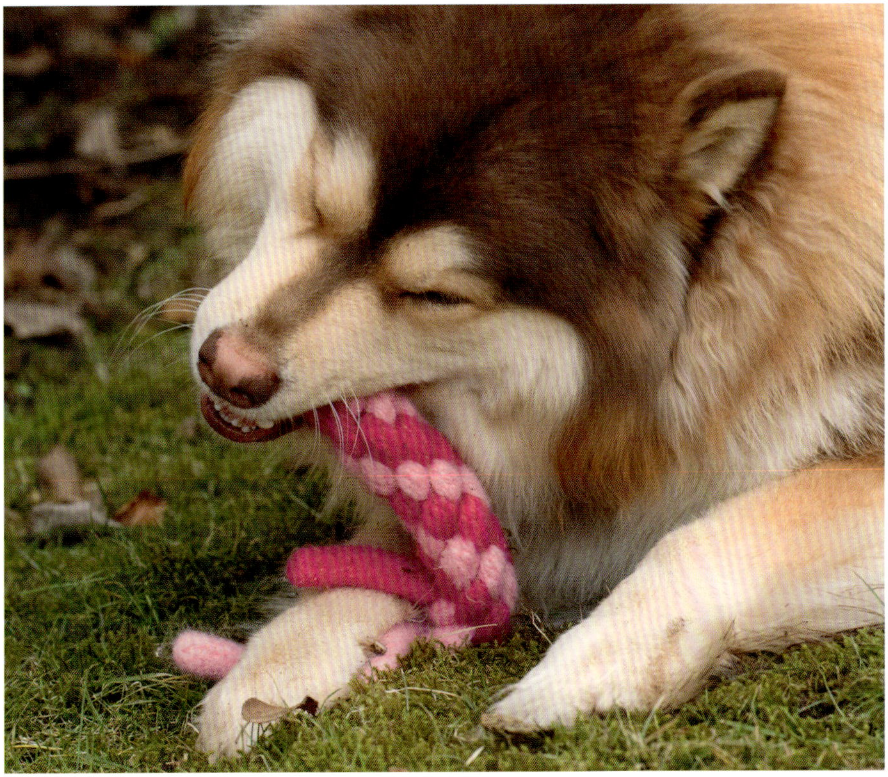

So machst du den viereckigen Startknoten

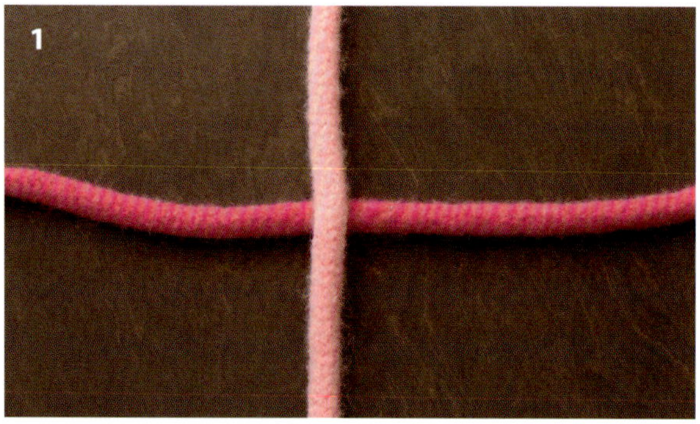

Lege deine 2 gefilzten Schnüre mittig übereinander wie ein Kreuz.

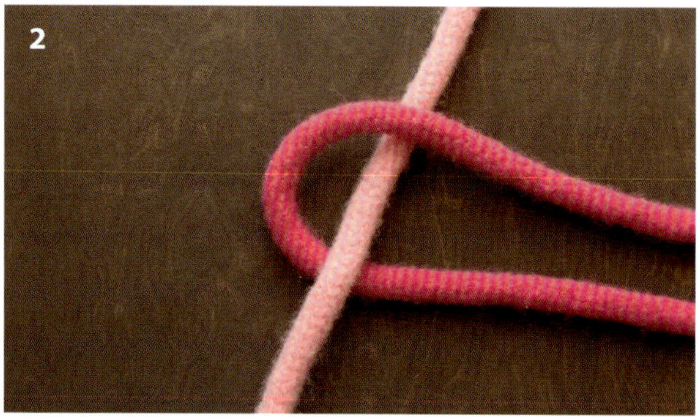

Lege das linke dunkle Schnurende über das helle.

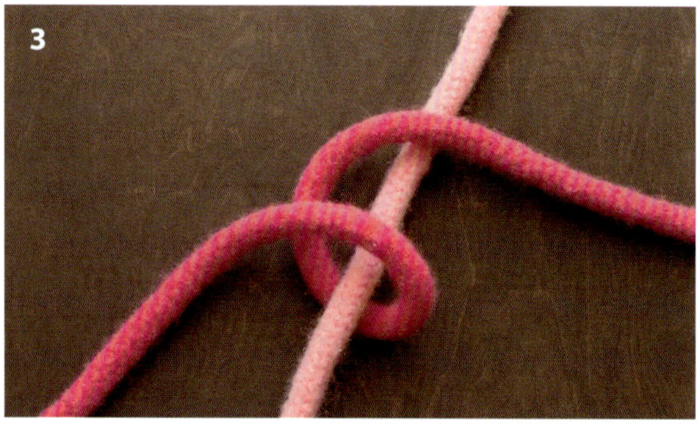

Lege das rechte dunkle Schnurende über das helle.

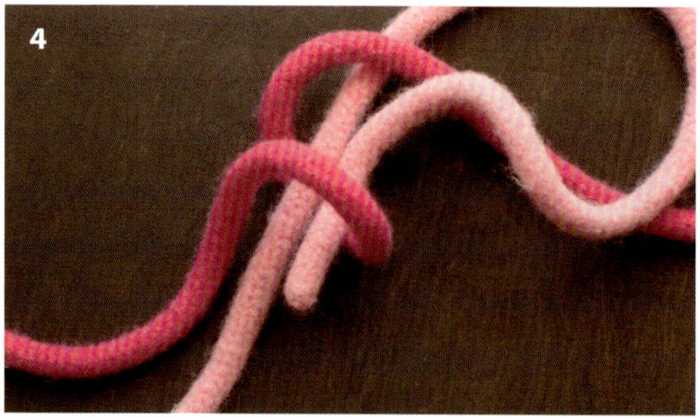

Lege das zweite helle Schnurende über das obere dunkle Schnurende und dann unter das andere.

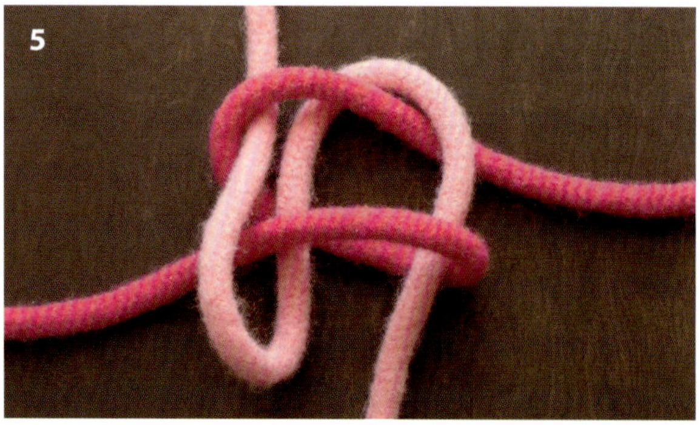

Mache das Gleiche mit dem anderen hellen Schnurende, erst über das obere dunkle Schnurende und dann unter das andere.

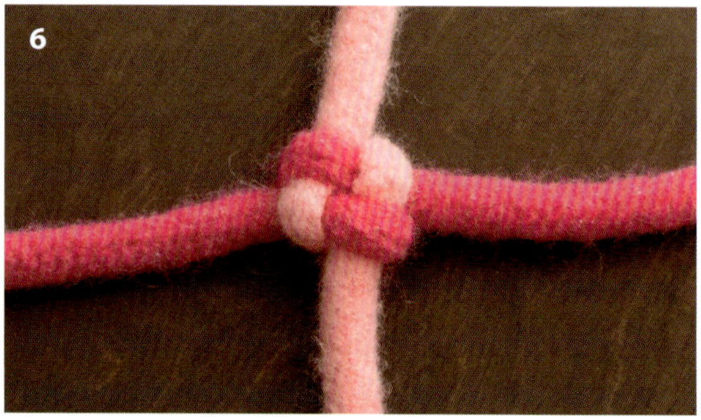

Ziehe an allen Schnüren, bis es so wie hier aussieht. Ziehe gleichmäßig an allen Schnüren, damit sie alle gleich lang sind, wenn der Knoten fertig ist.

So knotest du das Kauspielzeug

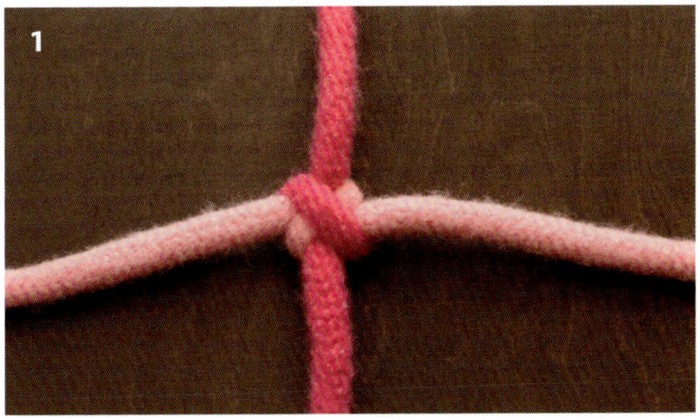

Auf der Rückseite sieht der Knoten aus wie hier. Diese Seite soll jetzt die Vorderseite sein.

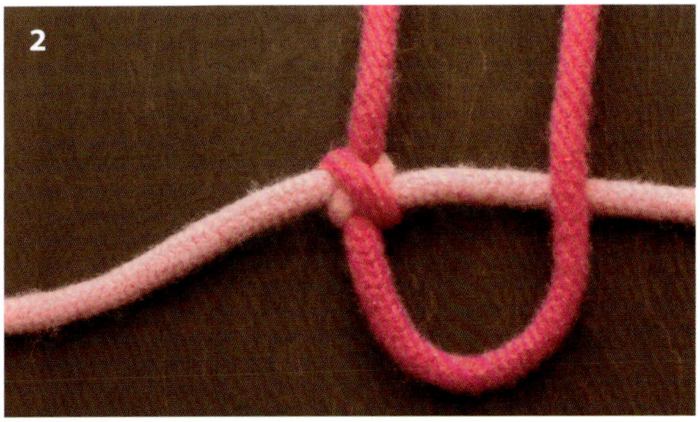

Lege das untere dunkle Schnurende über das helle Schnurende.

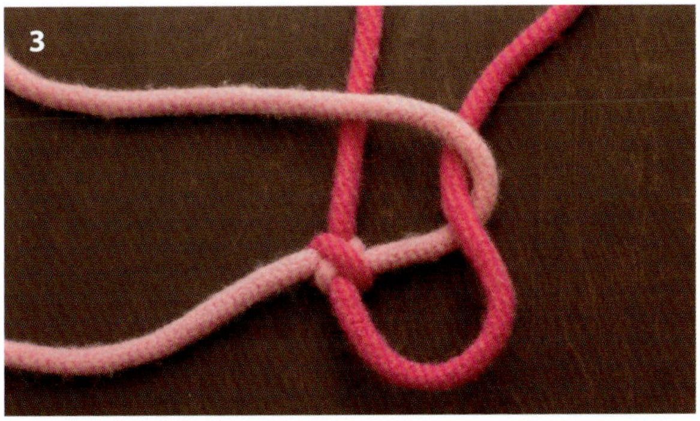

Lege das rechte helle Schnurende über die beiden dunklen Schnurenden.

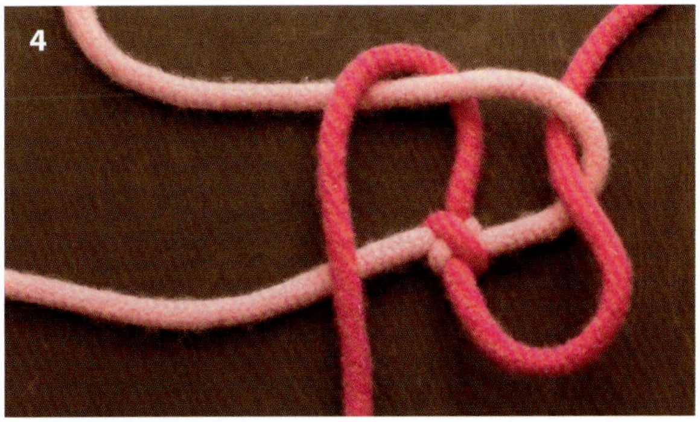

Lege das linke dunkle Schnurende über die beiden hellen Schnurenden.

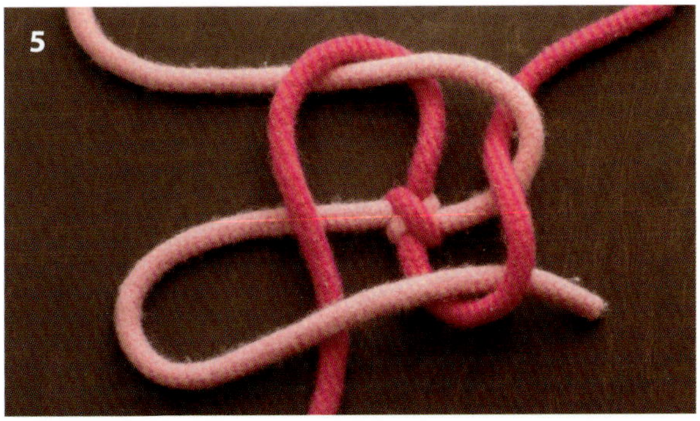

Lege das linke helle Schnurende über das 1. dunkle Schnurende und ziehe es durch die Schlaufe der dunklen Schnur.

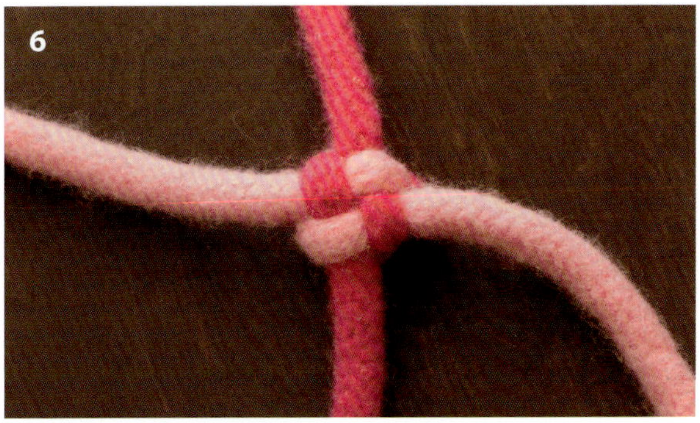

Ziehe an allen Schnüren, bis es so wie hier aussieht. Wiederhole diese Schritte so lange, bis dein Zopf die gewünschte Länge erreicht hat.

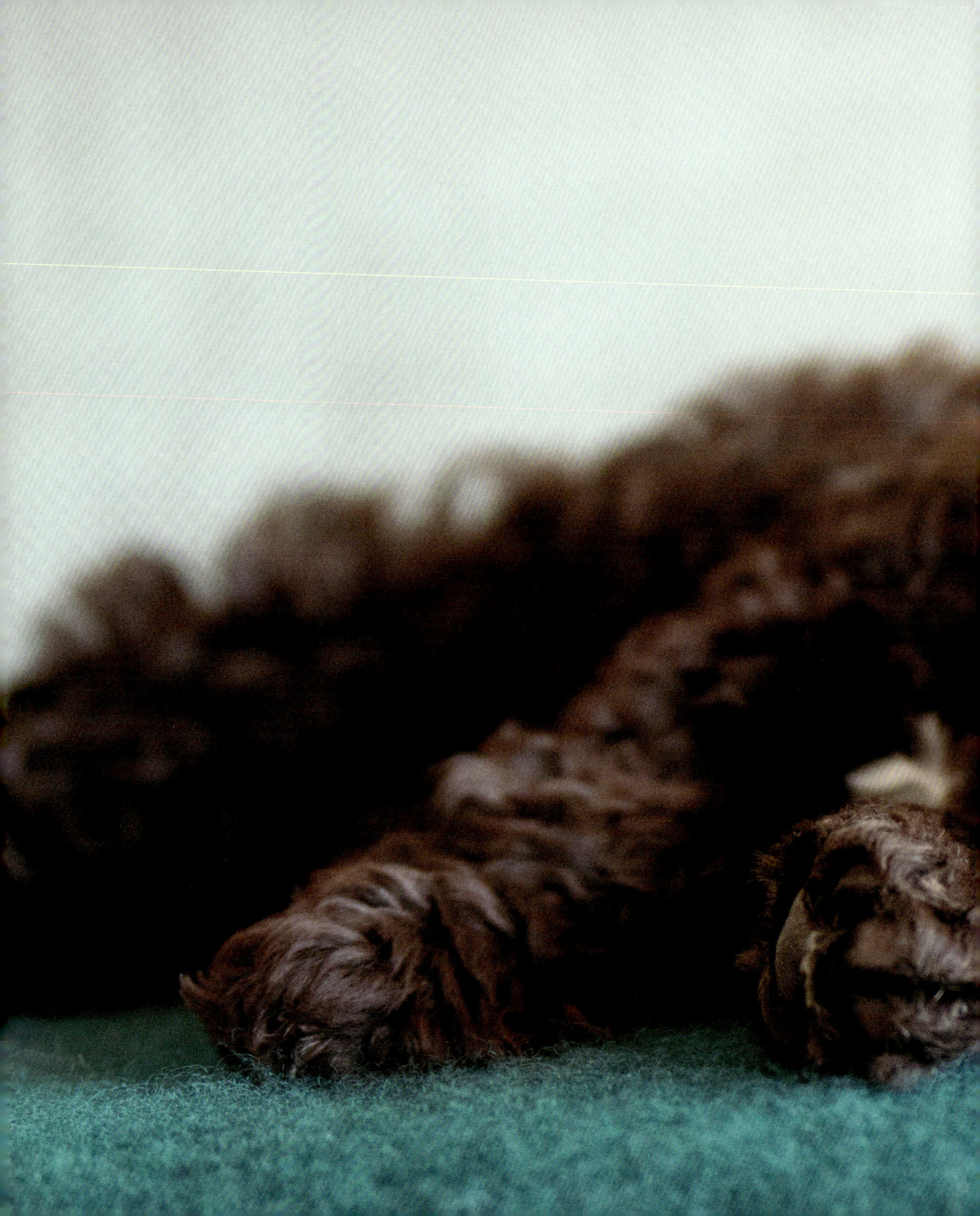

Für erholsame STUNDEN

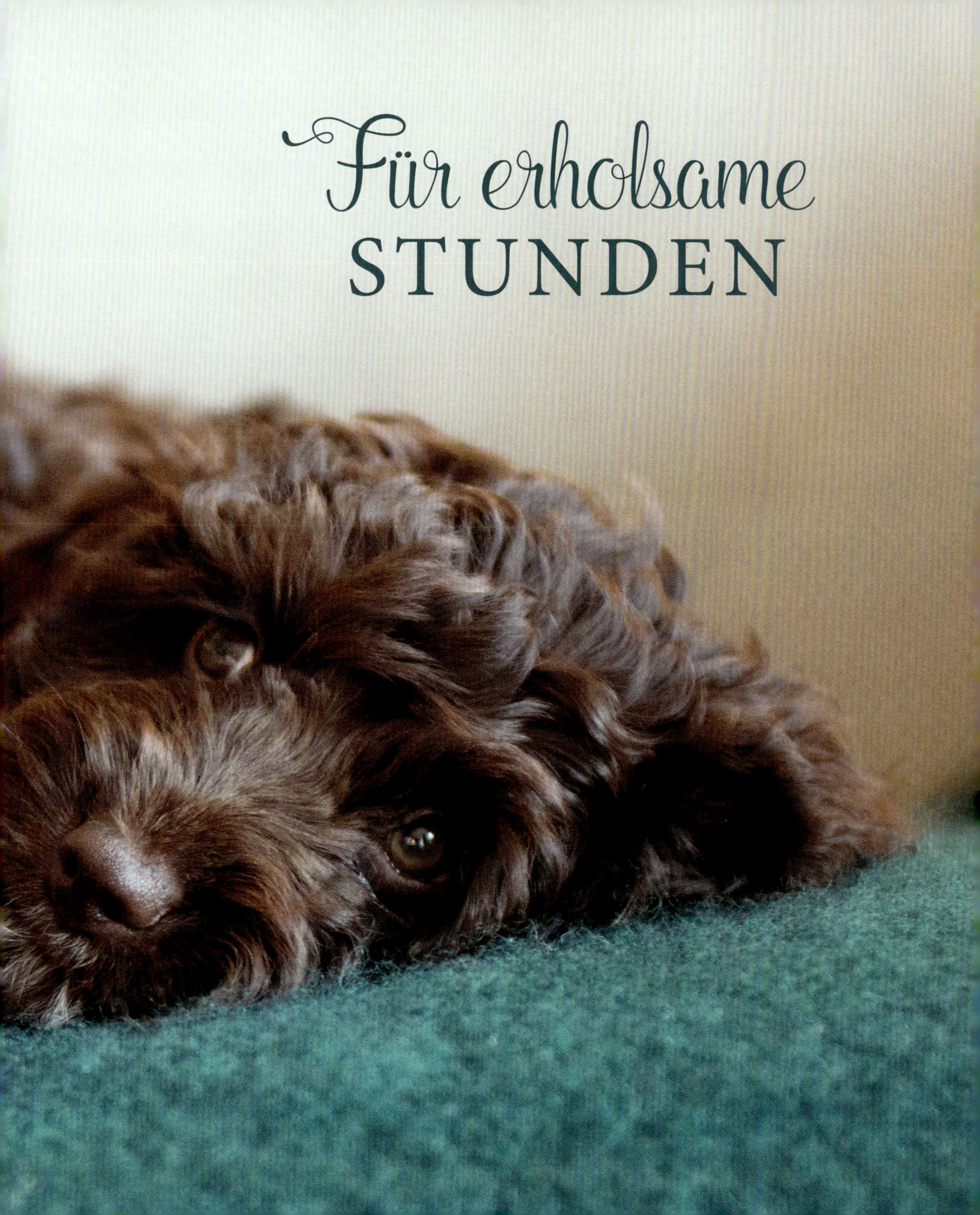

Schlafkorb

Ein weicher Schlafkorb aus gefilzter Wolle wärmt gut und ist richtig weich zum Schlafen, findet Pelle. Lege ein Kissen und eine Decke hinein, dann wird es wirklich schwer, wach zu bleiben.

Garn: Fritidsgarn von Sandnes Garn, 100 % norwegische Wolle, 50 g = ca. 70 Meter, Farbe: Dunkelgrau meliert 1055.
Größe:
Gemessen nach dem Filzen. ca. 148 cm Durchmesser, ca. 25 cm hoch
Gemessen vor dem Filzen. ca. 168 cm Durchmesser, ca. 40 cm hoch
Garnmenge: 700 g
Maschenprobe: 10 M glatt rechts mit Stricknadeln 10 mm = 10 cm
Stricknadeln: Rundstricknadeln 10 mm, 80 und 40 cm lang, und Nadelspiel 10 mm
Zusätzlich: Kissen und Decke

Rand

168 M mit doppeltem Faden auf der 80 cm langen Rundstricknadel 10 mm anschlagen. Rechte M in Runden stricken, bis die Arbeit ca. 40 cm misst. Nun beginnen die Abnahmen für den Boden.

Boden

Hänge 8 Maschenmarkierer nach jeweils 21 M ein. 8 M in jeder 2. Runde abnehmen, indem nach jedem Maschenmarkierer 2 M zusammengestrickt werden. Nach Bedarf zur kürzeren Rundstricknadel wechseln. Die letzten Runden werden mit dem Nadelspiel gestrickt. So lange abnehmen, bis nur noch 8 M auf den Stricknadeln sind. Den Faden abschneiden, durch alle 8 M ziehen und Faden vernähen.

Filzen

Eine Schüssel mit warmem Wasser füllen und etwas Seife darin auflösen, 1 Esslöffel reicht für 5 Liter Wasser. Den Schlafkorb in das Seifenwasser legen und eine Weile massieren und kneten. Das Wasser aus dem Hundebett ausdrücken und ohne Waschpulver und Weichspüler in der Waschmaschine bei 60 °C mit einem Frotteehandtuch waschen. Nach dem Waschen, wenn er noch feucht ist, in Form ziehen. Liegend trocknen lassen. Die Oberkante einige Zentimeter umbiegen.

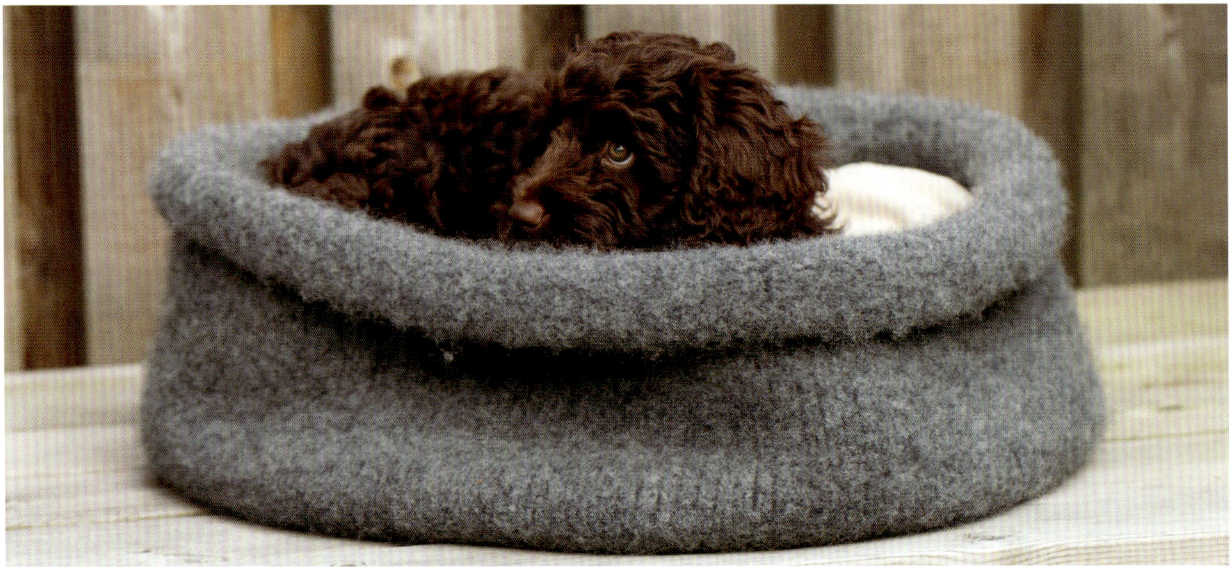

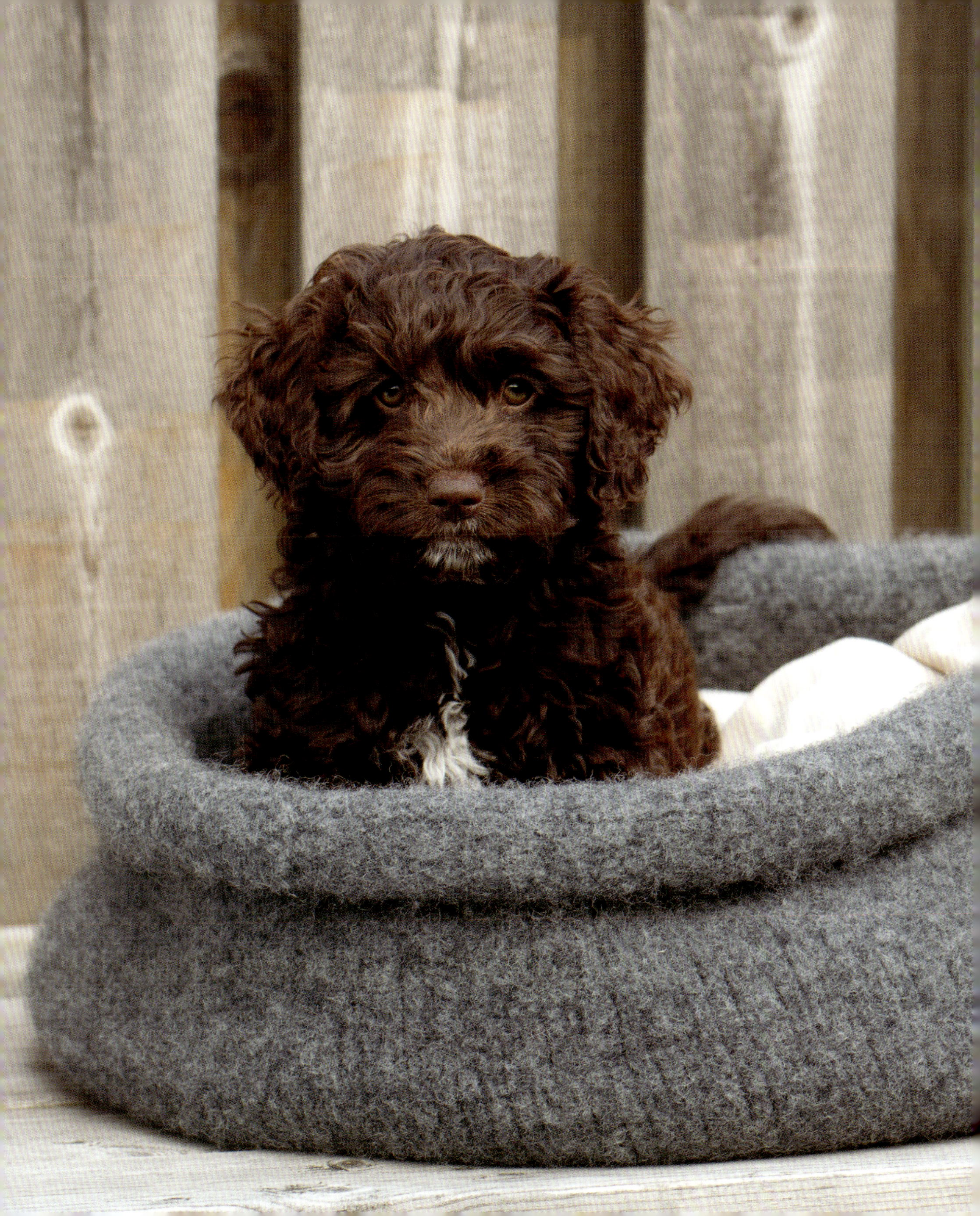

Gemütliches Kissen

Dieses gemütliche Kissen ist ganz einfach zu stricken und auf beiden Seiten gleich schön. Darauf liegt man weich und herrlich, findet Luna.

Garn: Fritidsgarn von Sandnes Garn, 100 % norwegische Wolle, 50 g = ca. 70 Meter, Farbe: Puderrosa 3511.
Größe:
Gemessen nach dem Filzen. ca. 50 cm x 50 cm
Gemessen vor dem Filzen. ca. 60 cm x 70 cm
Die Maße sind nach dem Zusammennähen gemessen.
Garnmenge: 50 g
Maschenprobe: 13 M glatt rechts mit Stricknadeln 7 mm = 10 cm
Stricknadeln: Häkelnadel 7 mm
Zusätzlich: Innenkissen 50 cm x 50 cm

Vorder- und Rückseite
79 M mit Stricknadel 7 mm anschlagen.
Reihe 1: * 9 M li, 1 M re * stricken. Von * bis * in der Reihe wiederholen, bis noch 9 M übrig sind, die links gestrickt werden.
Reihe 2: * 9 M re, 1 M li* stricken. Von * bis * in der Reihe wiederholen, bis noch 9 M übrig sind, die rechts gestrickt werden.
Reihen 1–2 wiederholen, bis die Arbeit ca. 140 cm misst. Dann die M abketten.

Zusammennähen und Filzen
Alle Fäden vernähen. Das Kissen an der oberen und unteren Kante aufeinanderlegen, rechte Seite nach außen. Die lange und eine Kurze Seite mit festen M zusammen häkeln. Eine Schüssel mit warmem Wasser füllen und etwas Seife darin auflösen, ein Esslöffel reicht für 5 Liter Wasser. Das Kissen in das Seifenwasser legen und massieren. Das Wasser aus dem Kissen ausdrücken und das Kissen ohne Waschpulver und Weichspüler in der Waschmaschine bei 60 Grad zusammen mit einem Frotteehandtuch waschen. Nach dem Waschen feucht in Form ziehen und liegend trocknen lassen. Die Kissenfüllung in die Kissenhülle legen und die dritte Seite zunähen.

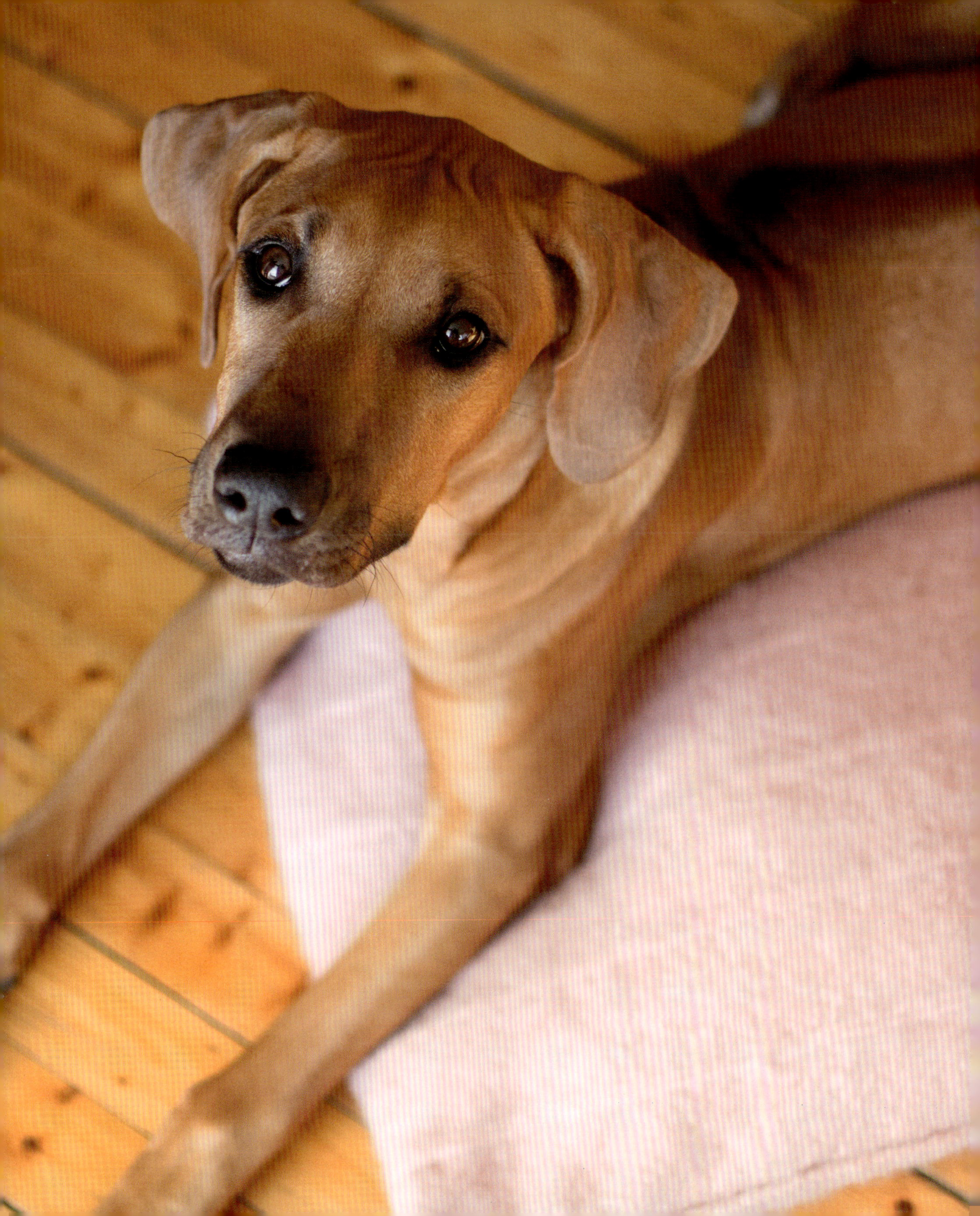

Liegematte

Eine gefilzte Liegematte aus Wolle schützt empfindliche Sofakissen vor Schmutz, Wasser und Spuren von Chlor. Außerdem ist sie warm und weich, wenn man auf dem Sofa liegen und kuscheln will.

Garn: Fritidsgarn von Sandnes Garn, 100 % norwegische Wolle, 50 g = ca. 70 Meter, Farbe: Dunkles Petrol 7272.
Größe:
Gemessen nach dem Filzen.
ca. 70 cm x 90 cm
Gemessen vor dem Filzen.
ca. 100 cm x 158 cm
Garnmenge: 800 g
Maschenprobe: 15 M glatt rechts mit Stricknadeln 5,5 mm = 10 cm
Stricknadeln: Rundstricknadel 5,5 mm, 60 cm lang, oder Stricknadeln 5,5 mm

Liegematte
150 M mit Stricknadel 5,5 mm anschlagen. Glatt rechts stricken, bis die Arbeit ca. 158 cm misst. Abketten und Fäden vernähen.

Zusammennähen und Filzen
Eine Schüssel mit warmem Wasser füllen und etwas Seife darin auflösen, 1 Esslöffel reicht für 5 Liter Wasser. Liegematte in das Seifenwasser legen und eine Weile massieren und kneten. Das Wasser aus der Liegematte ausdrücken und ohne Waschpulver und Weichspüler in der Waschmaschine bei 60 °C zusammen mit einem Frotteehandtuch waschen. Nach dem Waschen, wenn die Matte noch feucht ist, in Form ziehen. Liegend trocknen lassen.

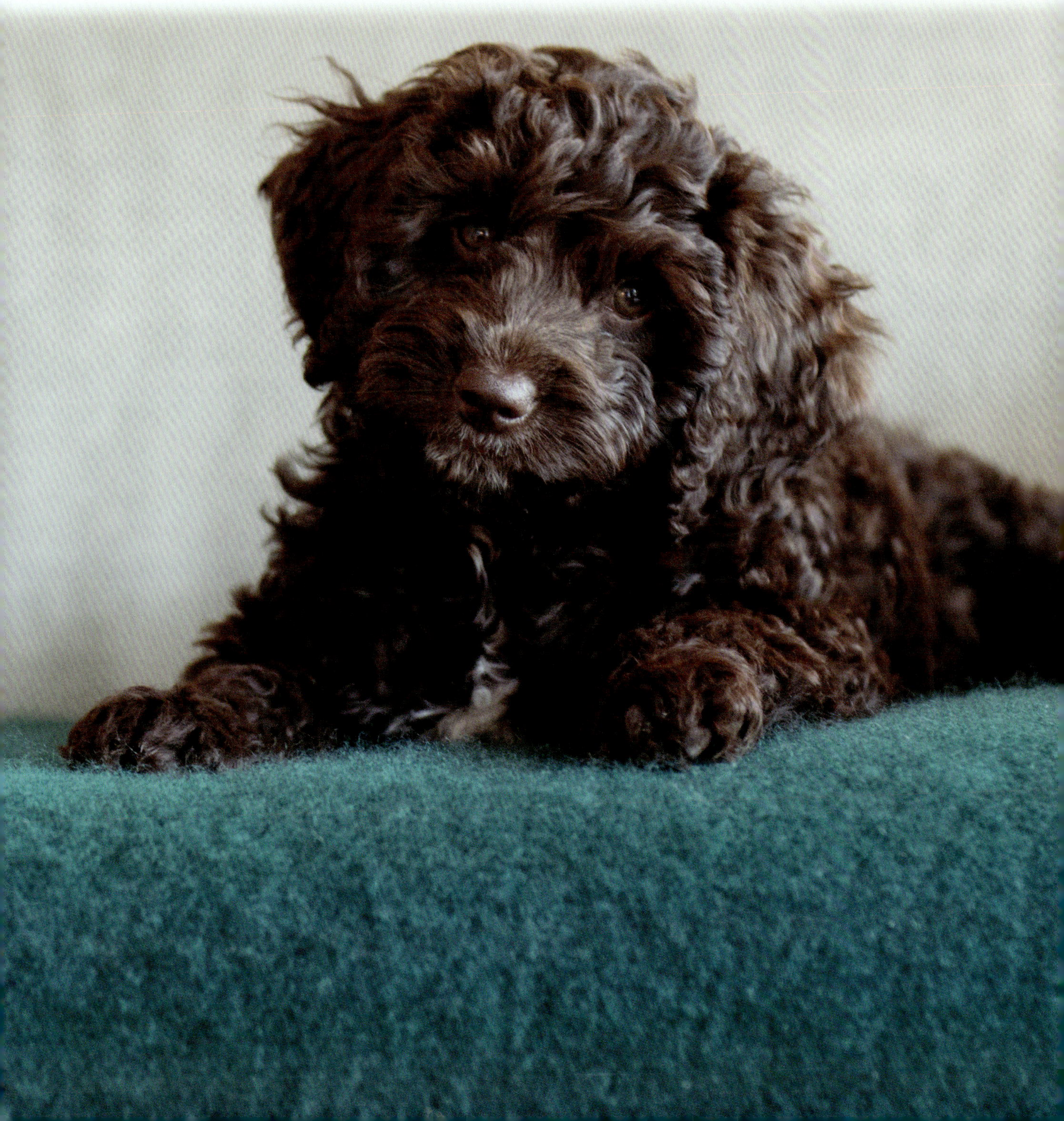

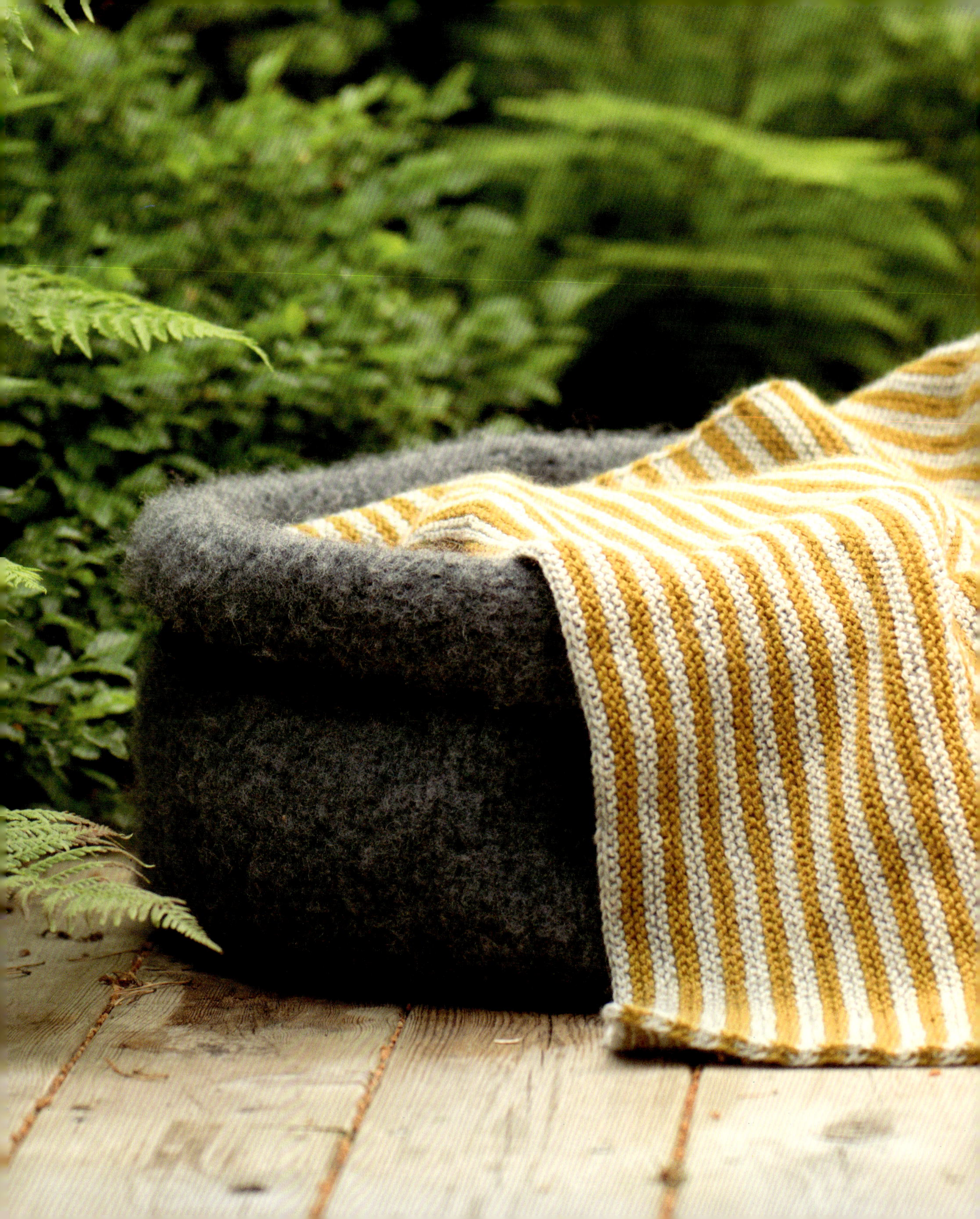

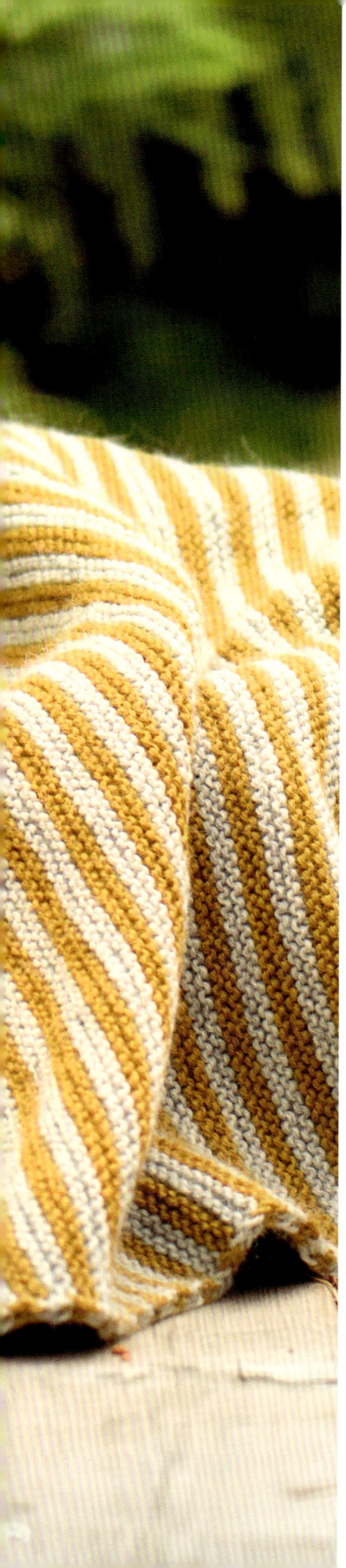

Kuscheldecke

Für die Stunden, in denen man gerne unter etwas Warmes kriecht
und schlafen möchte.
Die Kuscheldecke ist perfekt für den Schlafkorb oder das gemütliche Kissen.

Garn: Peer Gynt von Sandnes Garn, 100 % norwegische Wolle, 50 g = ca. 91 Meter, Farben: Ocker 2035, Hellgrau meliert 1032.
Größe: ca. 60 x 80 cm
Garnmenge: 200 g Ocker, 200 g Hellgrau meliert
Maschenprobe: 22 M glatt rechts mit Stricknadeln 3,5 mm = 10 cm
Stricknadeln: Stricknadeln 3,5 mm

Decke
132 M mit Stricknadel 3,5 mm in der Farbe Hellgrau meliert anschlagen. Die gesamte Decke wird in rechten M (kraus rechts) gestrickt mit folgendem Farbwechsel:
Reihe 1–4: Hellgrau meliert
Reihe 5–8: Ocker

Die Reihen 1–8 stets wiederholen, ca. 80 cm ab Anschlag M abketten und alle Fäden vernähen.

Aufbewahrungskorb

Hier sind alle Dinge beisammen! Der beste Aufbewahrungskorb für Bürsten, Kämme, Krallenschere, Cremes und alles Weitere, das sich so ansammelt.

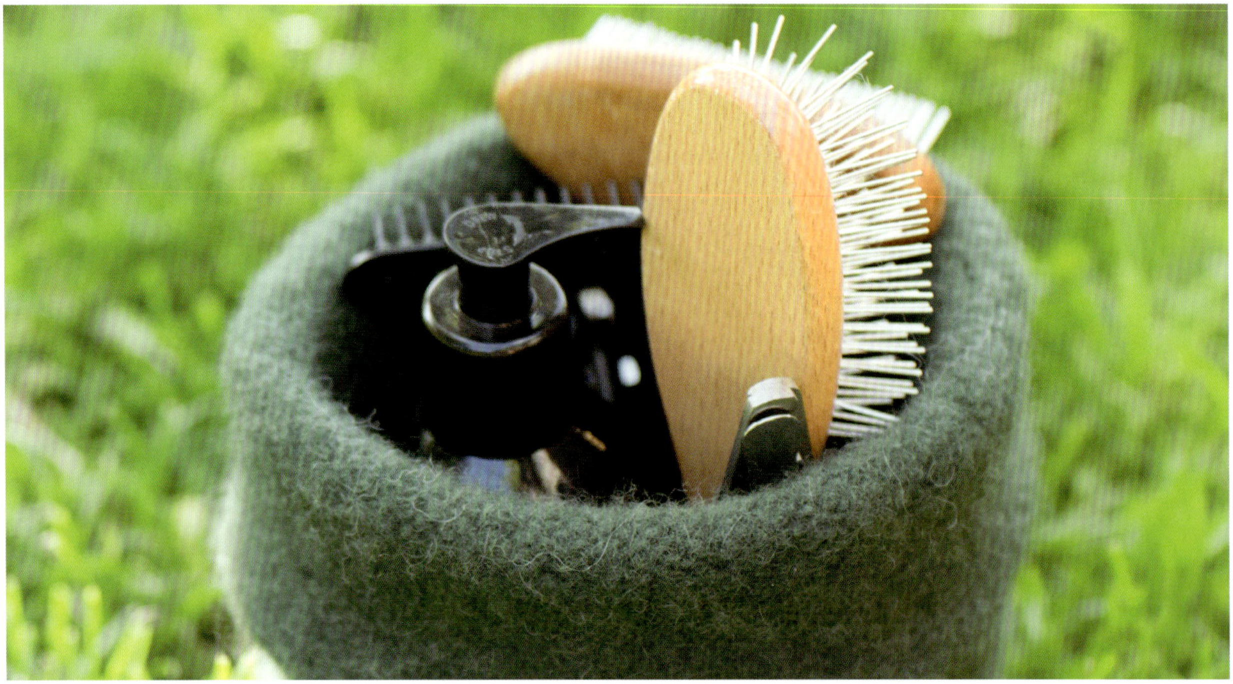

Garn: Fritidsgarn von Sandnes Garn, 100 % norwegische Wolle, 50 g = ca. 70 Meter, Farben: Grün 8264, Dunkelgrün 8571.
Größe:
Gemessen vor dem Filzen. Breite ca. 26 cm, Länge ca. 30 cm
Gemessen nach dem Filzen. Breite ca. 21 cm, Länge ca. 21 cm (nicht umgeklappt)
Garnmenge: 100 g
Maschenprobe: 15 M glatt rechts mit Stricknadeln 5,5 mm = 10 cm
Stricknadeln: Rundstricknadel 5,5 mm, 60 cm lang, und Nadelspiel 5,5 mm

Korb

80 M auf der 60 cm langen Rundstricknadel 5,5 mm anschlagen. Rechte M in Runden stricken bis die Arbeit ca. 30 cm misst.

Boden

Hänge 8 Maschenmarkierer nach jeweils 10 M ein. 8 M in jeder 2. Runde abnehmen, indem nach jedem Maschenmarkierer 2 M zusammengestrickt werden. Zum Nadelspiel wechseln, wenn die Rundstricknadel zu lang wird. So lange abnehmen, bis nur noch 8 M auf den Stricknadeln sind. Den Faden abschneiden und durch alle 8 M ziehen. Den Faden vernähen.

Filzen

Eine Schüssel mit warmem Wasser füllen und etwas Seife darin auflösen, 1 Esslöffel reicht für 5 Liter Wasser. Den Korb in das Seifenwasser legen und eine Weile massieren und kneten.
Das Wasser ausdrücken und ohne Waschpulver und Weichspüler in der Waschmaschine bei 60 °C mit einem Frotteehandtuch waschen. Nach dem Waschen, wenn er noch feucht ist, in Form ziehen. Liegend trocknen lassen. Die Oberkante einige Zentimeter umschlagen.

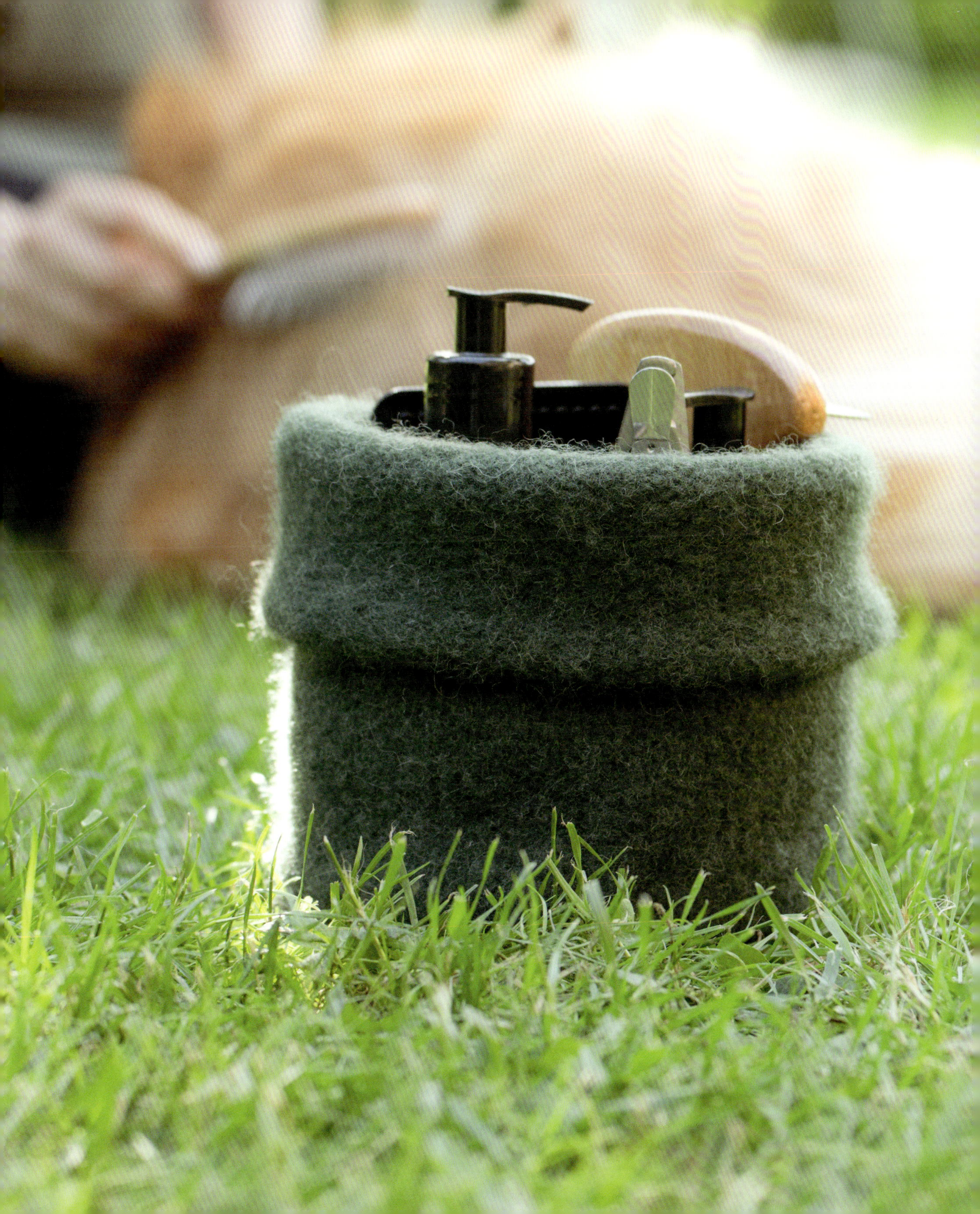

Strickschule

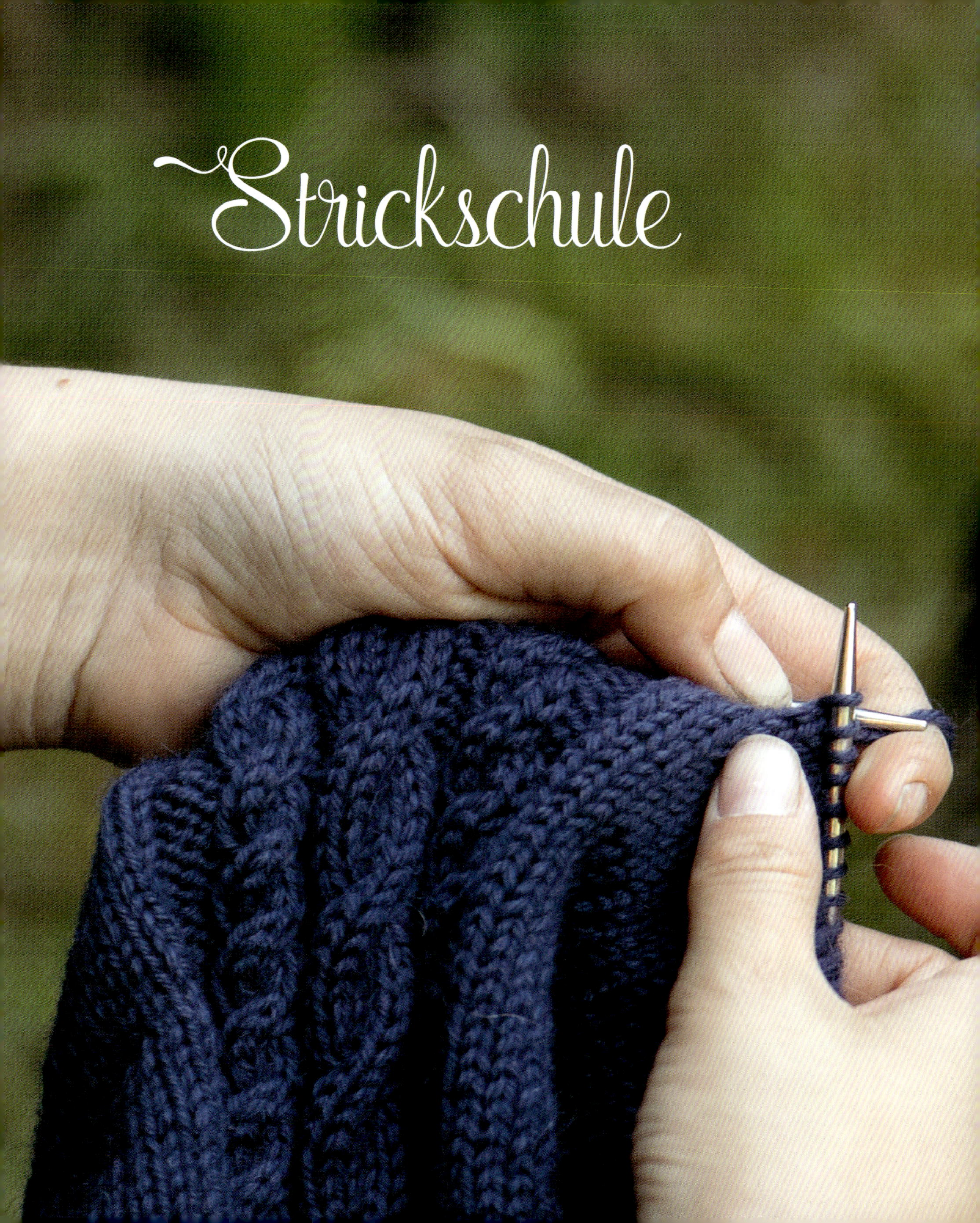

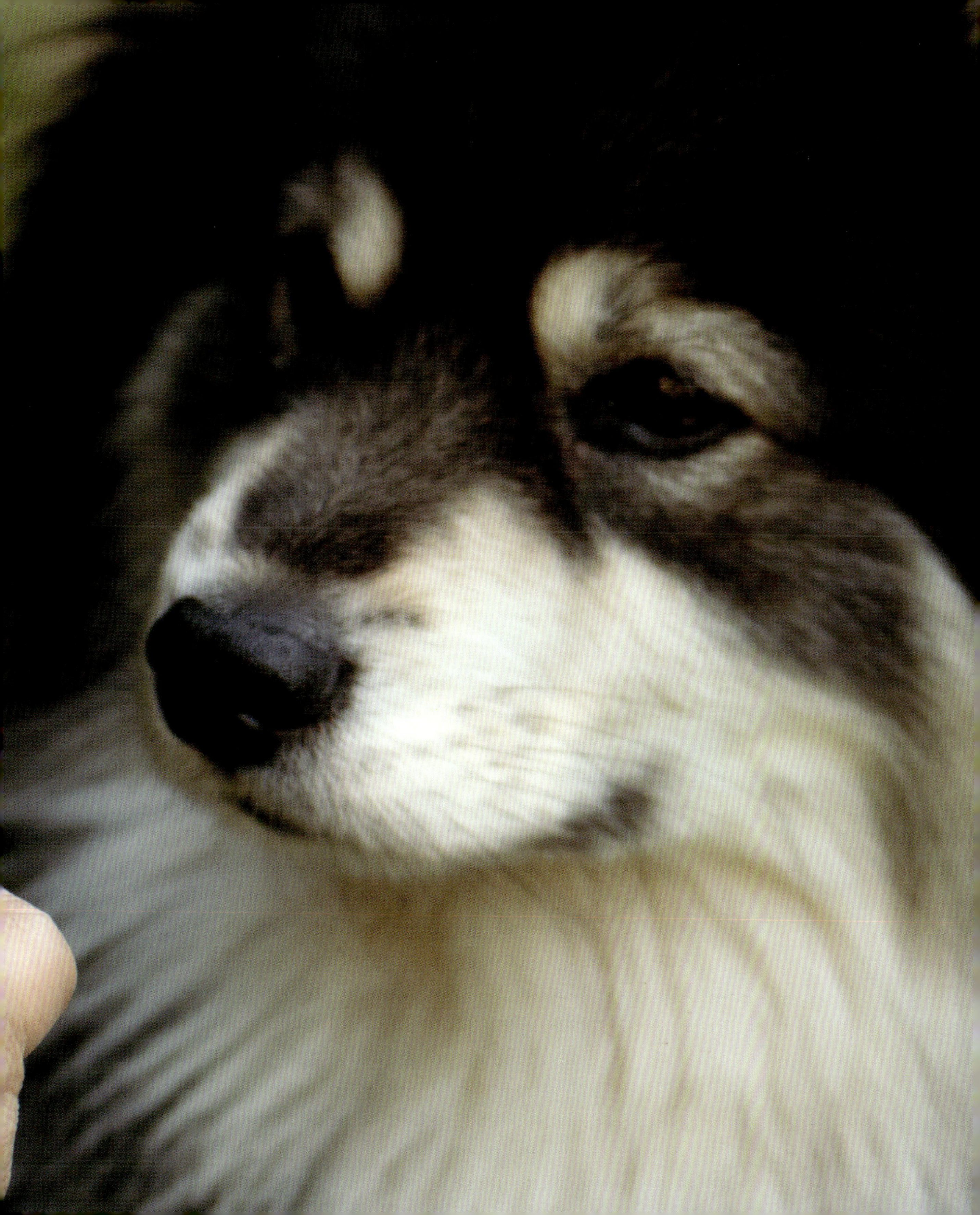

Grundlegendes zum Stricken

Hier gibt es Abbildungen und Texte zu den wichtigsten Grundlagen des Strickens.
Schau auch gerne in meinen YouTube Kanal (Stinamariastickar), dort findest du eine komplette Strickschule.

Garn
Alle Projekte in diesem Buch sind mit Garnen von Sandnes Garn gestrickt, das du auf stinamaria.se oder in gut sortierten Garngeschäften findest. Wenn du anderes Garn verwenden willst, richte dich nach der Maschenprobe beim jeweiligen Modell und wähle ein Garn mit gleicher oder sehr ähnlicher Maschenprobe. Die Angaben dazu findest du auf der Garnbanderole.

Abkürzungen

M	Masche
M re	rechte Masche
M li	linke Masche
U	Umschlag
1 M abn	2 M zusammenstricken
1 M zun	1 Masche zunehmen
Z6h	Zopf über 6 M stricken, dabei 3 M auf die Zopfnadel hinter die Arbeit legen, 3 M re stricken, die 3 M re von der Zopfnadel abstricken
Z4h	Zopf über 4 M stricken, dabei 2 M auf die Zopfnadel hinter die Arbeit legen, 2 M re stricken, die 2 M re von der Zopfnadel abstricken

Maschenprobe und Musterstück
Für das beste Resultat und ein Ergebnis in der gewünschten Größe empfehle ich das Anfertigen eines Musterstückes. Die Maschenprobe ist das Maß für die Anzahl der M, die du bei einem 10 cm x 10 cm großen Musterstück erhältst. Schaue zuerst auf die Banderole des Garnes und schlage dann ein paar zusätzliche M an. Wenn dein Musterstück etwas größer als 10 cm x 10 cm ist, lässt es sich einfacher ausmessen. Miss aus, wie viele M du in der Breite und Höhe auf 10 cm x 10 cm gestrickt hast. Das ist die Maschenprobe.

Wenn du **weniger Maschen** als angegeben zählst, strickst du zu locker. Versuche es mit einer dünneren Stricknadel.

Wenn du **mehr Maschen** als angegeben zählst, strickst du zu fest. Versuche es mit einer dickeren Stricknadel.

Für das Musterstück muss das Muster gestrickt werden, das auch für die Strickarbeit verwendet wird. Die Stricknadeln können aus Metall, Holz oder Plastik sein. Es können ein Nadelspiel oder Rundstricknadeln mit unterschiedlicher Spitze sein. Alle diese Faktoren beeinflussen, wie du strickst, und damit auch die Maschenprobe.

Maschen anschlagen

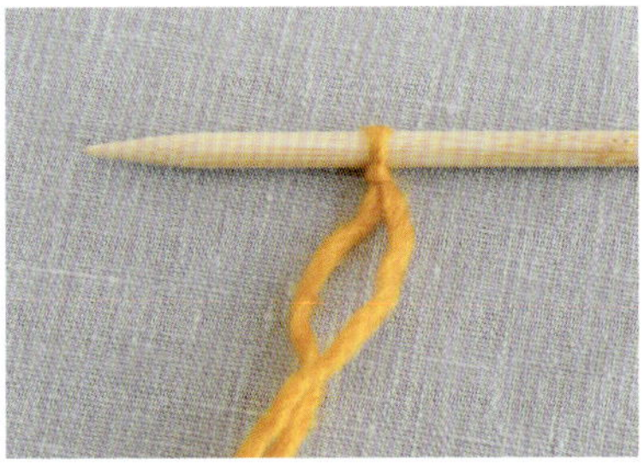

Mache eine Grundschlinge und schiebe sie auf die rechte Seite der Stricknadel. Lasse ein langes Fadenende hängen – je mehr M du anschlagen willst, desto länger sollte dieser Faden sein.

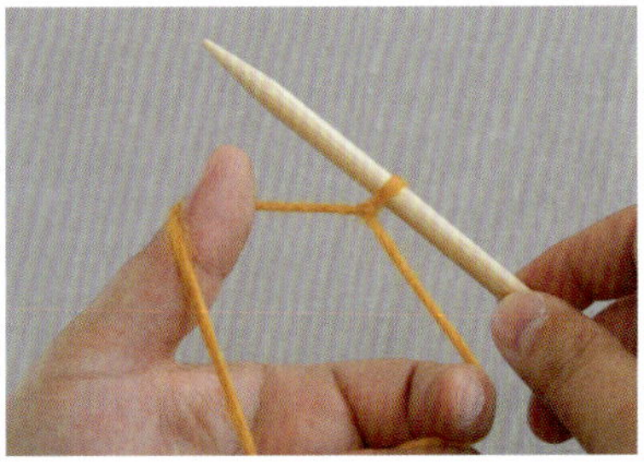

Führe den linken Faden um den linken Daumen und den anderen Faden um den linken Zeigefinger.

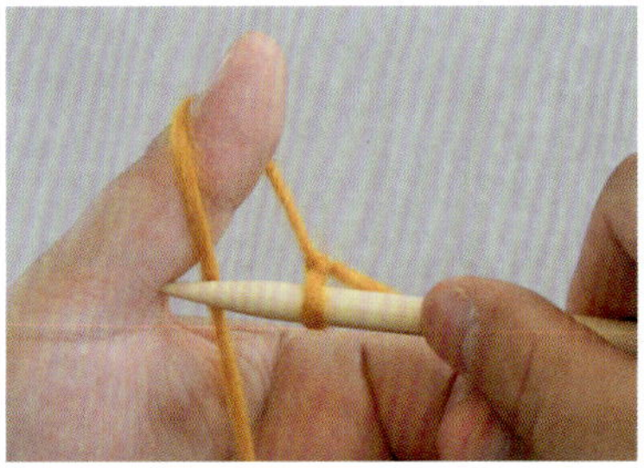

Lege beide Fäden in die Handfläche und halte sie fest.

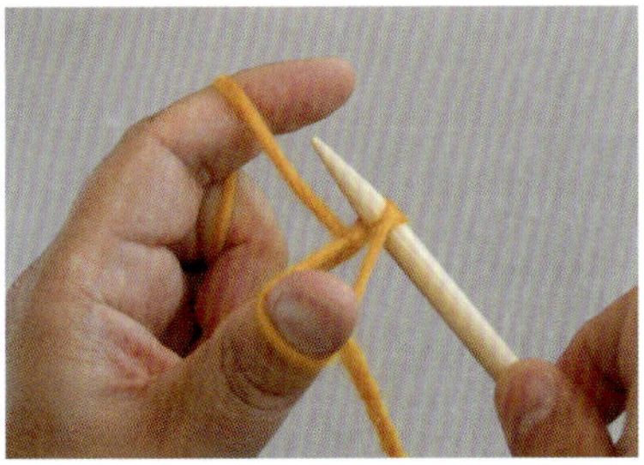

Stich mit der Stricknadel von unten nach oben unter dem vorderen Faden des Daumen durch.

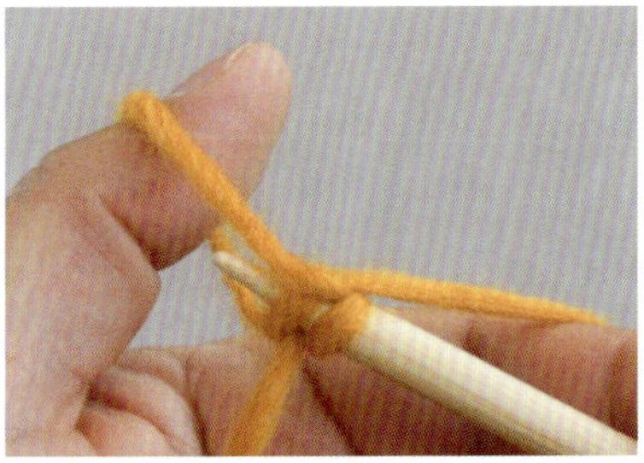

Hole den hinteren Faden vom Zeigefinger und ziehe ihn durch die Schlaufe am Daumen.

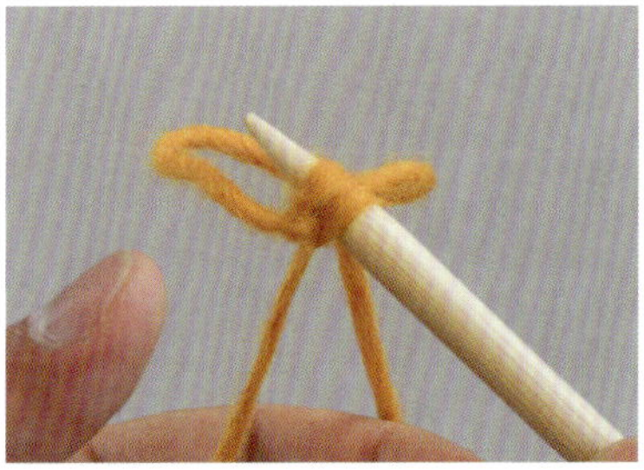

Nimm den Daumen aus der Schlinge und ziehe am Faden.

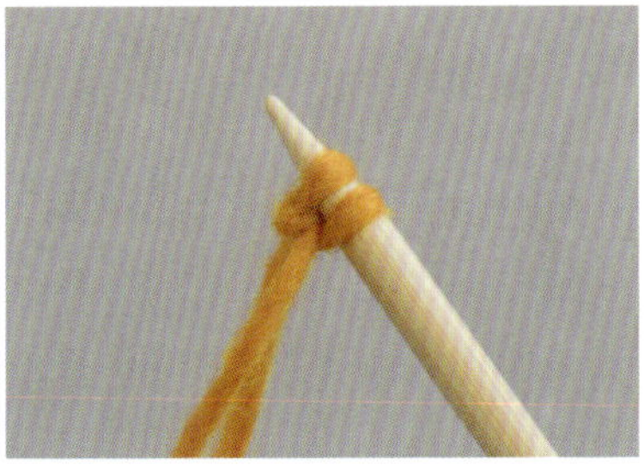

Jetzt hast du zwei M auf der linken Seite der Stricknadel.

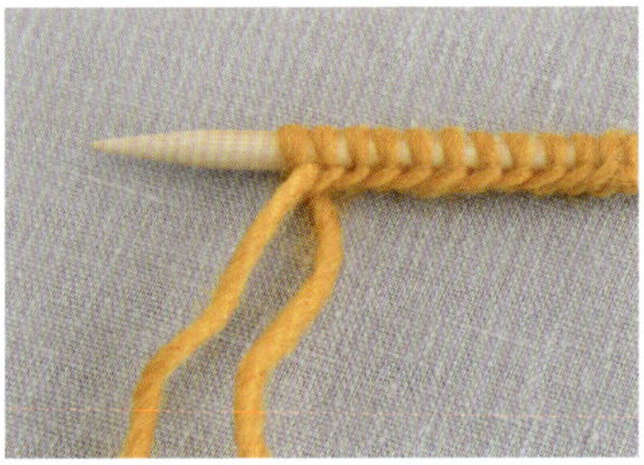

Solange wiederholen, bis die gewünschte M-Zahl auf der Stricknadel liegt.

Eine Masche zunehmen – eine Masche aus der Vorreihe zunehmen

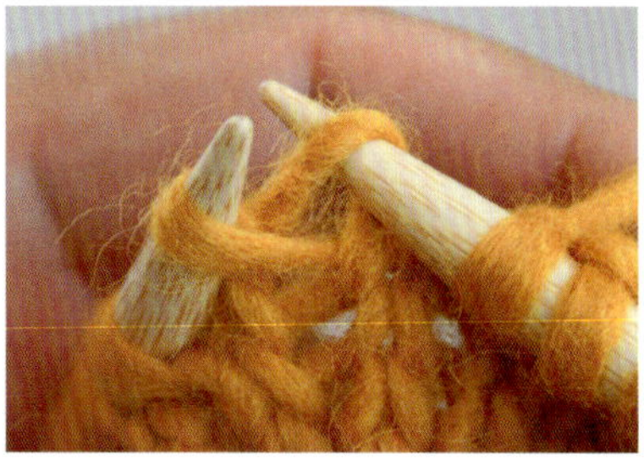

Stich mit der rechten Nadel von vorne nach hinten in die M direkt unter der nächsten M der linken Nadel ein.

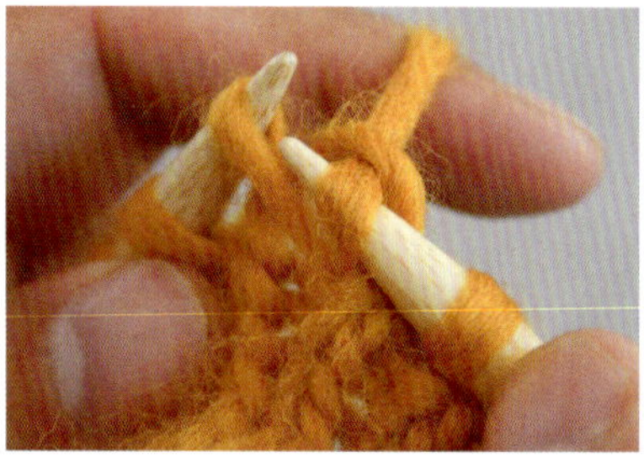

Hole den Faden und ziehe ihn durch die Masche auf die rechte Stricknadel.

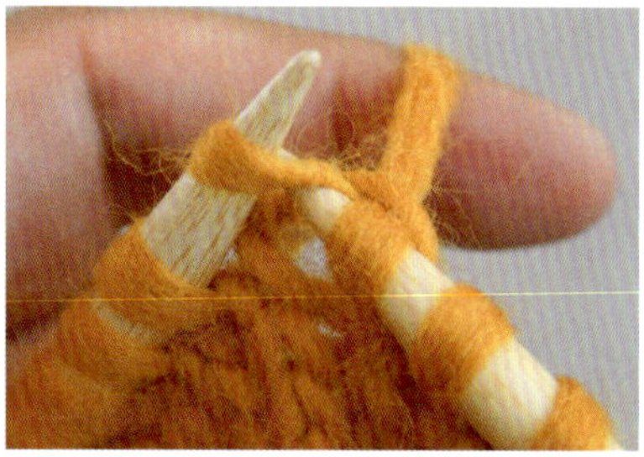

Stricke dann die M auf der linken Nadel.

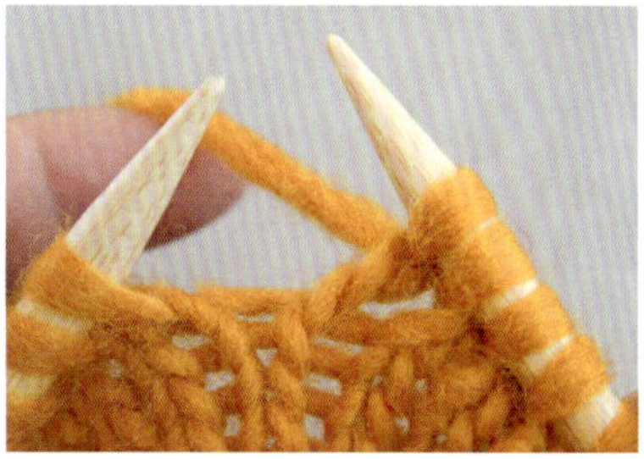

Jetzt sind aus einer M zwei geworden.

Eine Masche abnehmen – zwei Maschen rechts zusammenstricken

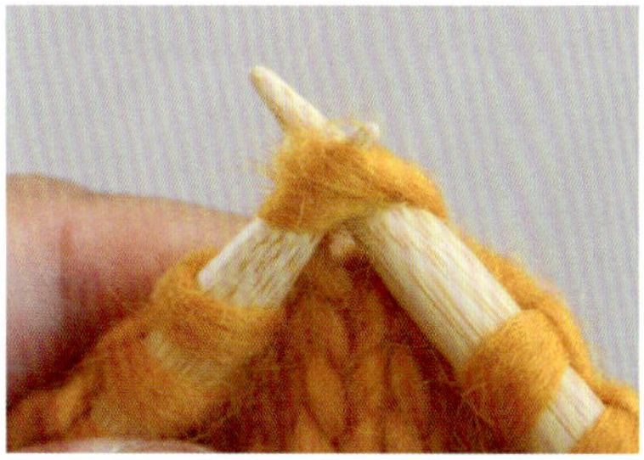

Stich mit der rechten Stricknadel in 2 M gleichzeitig wie zum Rechtsstricken ein.

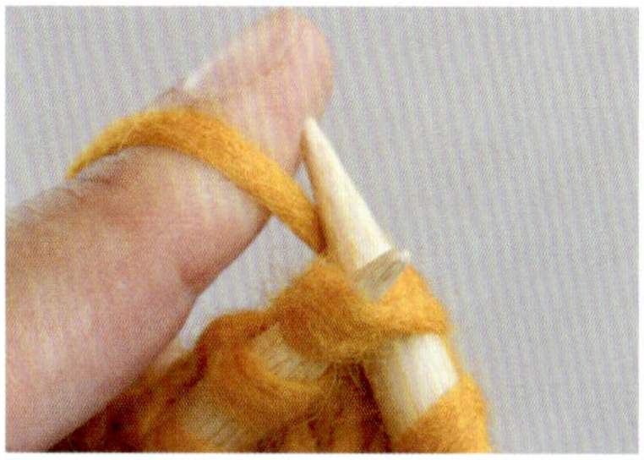

Hole den Faden und ziehe ihn durch beide M.

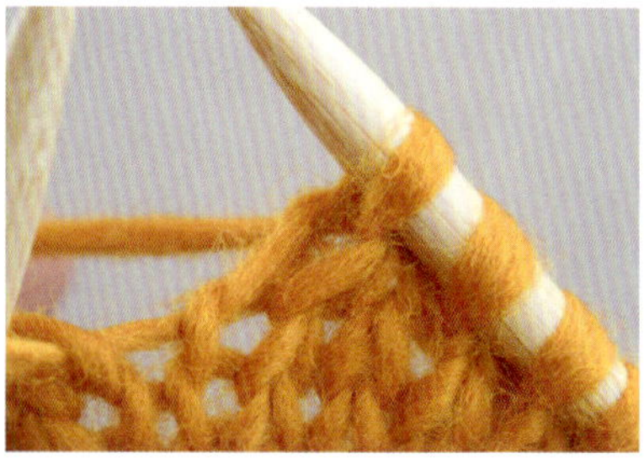

Hebe die gestrickte M von der linken auf die rechte Stricknadel. Jetzt ist aus zwei M eine geworden.

Eine Masche abnehmen – zwei Maschen rechts verschränkt zusammenstricken

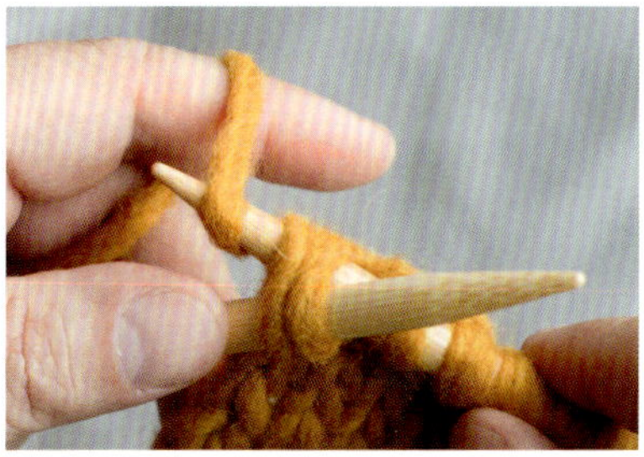

Stich mit der rechten Stricknadel in 2 M so ein, um sie zusammen rechts verschränkt zu stricken.

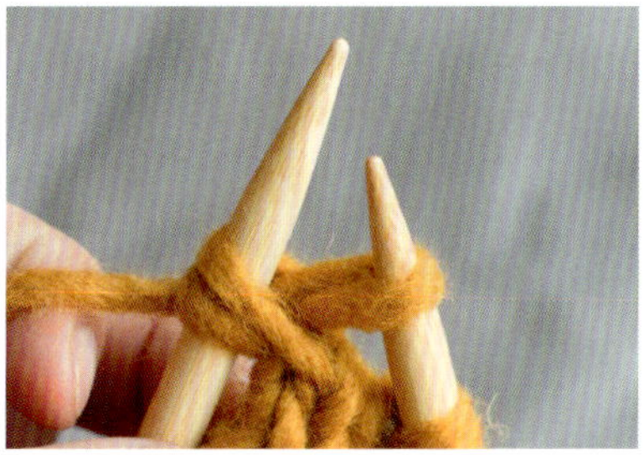

Hole den Faden und ziehe ihn durch beide M.

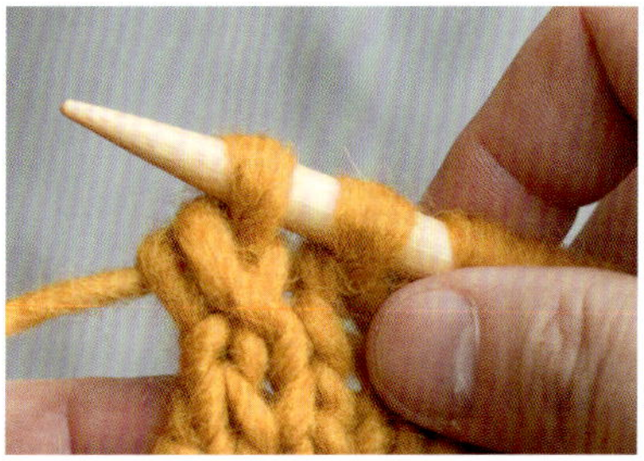

Die gestrickte M von der linken Stricknadel gleiten lassen. Jetzt ist aus zwei M eine geworden.

Umschlag

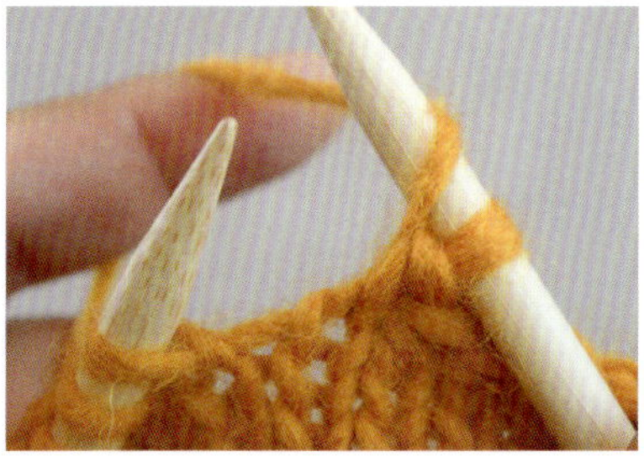

Den Faden von vorne nach hinten über die rechte Stricknadel legen.

Eine Masche links abheben

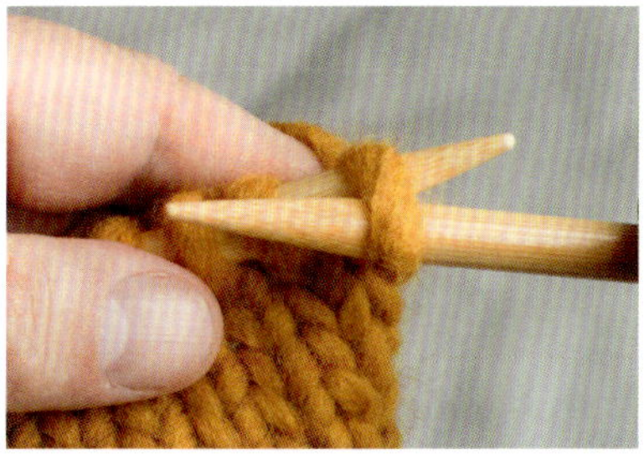

Hebe die M ab, als wenn sie links gestrickt werden würde.

Eine Masche rechts abheben

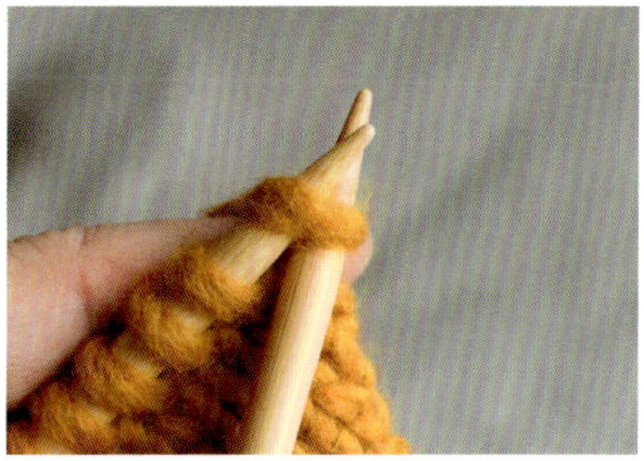

Hebe die M ab, als wenn sie rechts gestrickt werden würde.

Farbe wechseln

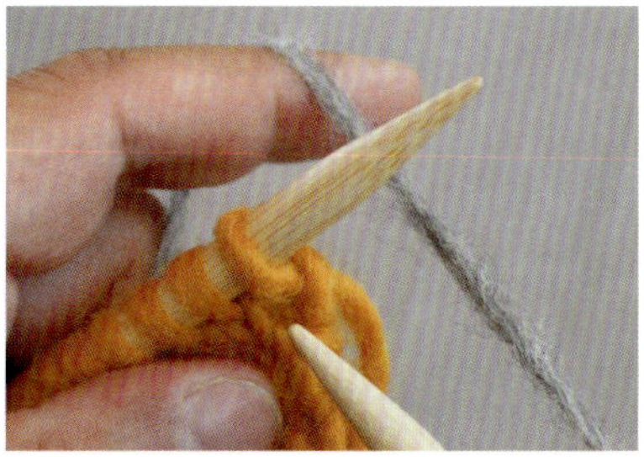

Wechsle die Farbe auf der rechten Seite. Halte den Faden der neuen Farbe neben die alte Farbe.

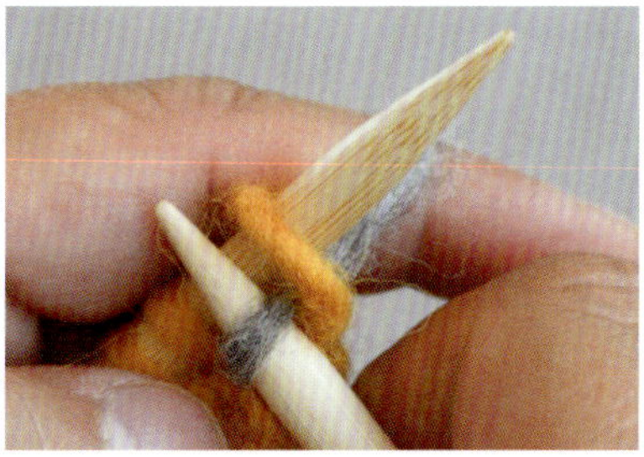

Stich mit der Stricknadel in die M ein und hole den Faden der neuen Farbe auf die Stricknadel. Jetzt mit der neuen Farbe nach Anleitung weiterstricken.

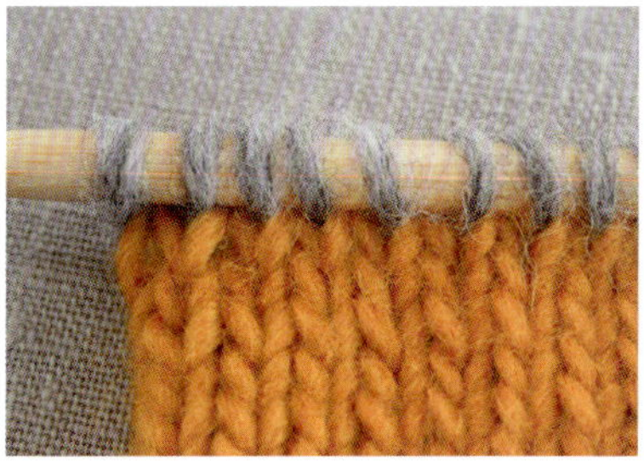

So sieht es auf der rechten Seite aus, wenn du eine Reihe mit der neuen Farbe gestrickt hast.

Halbelastisches Abketten mit zwei Maschen

Diese Methode ergibt eine feine und etwas dehnbare Strickkante, die z. B. gut für Ärmel von Hundepullovern ist.

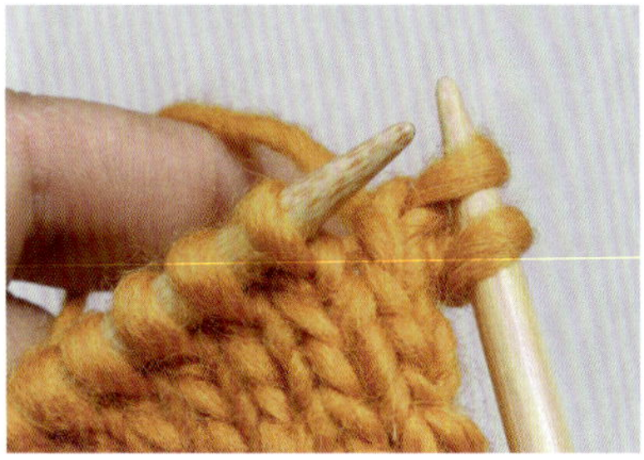

Zwei M stricken.

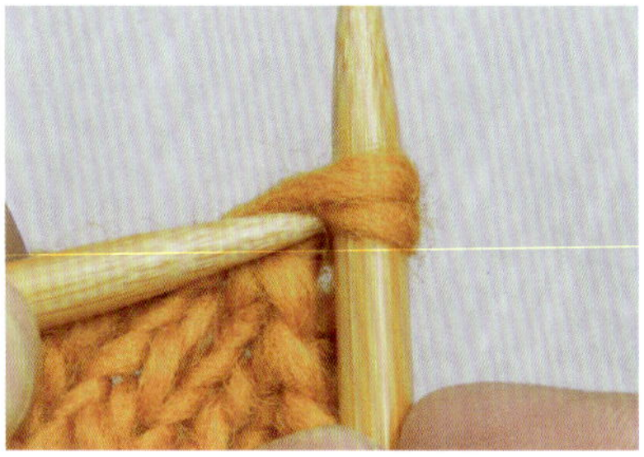

Die linke Stricknadel von rechts durch die zwei gestrickten M einstechen.

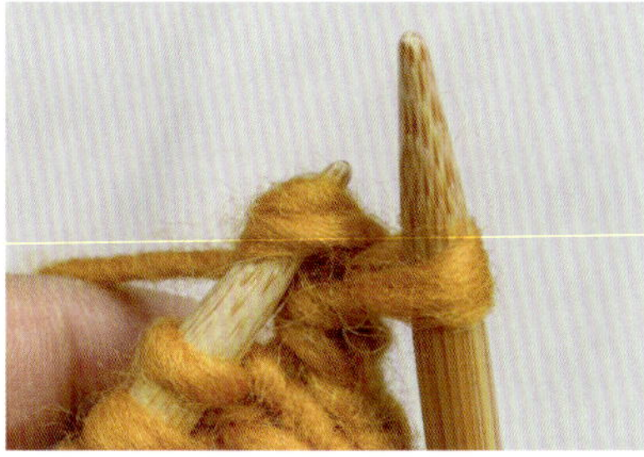

Den Faden holen und die zwei gestrickten M über den Faden heben.

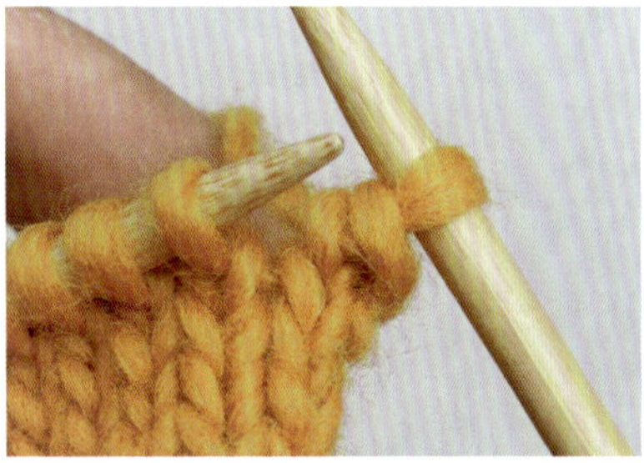

Jetzt ist eine M abgekettet.

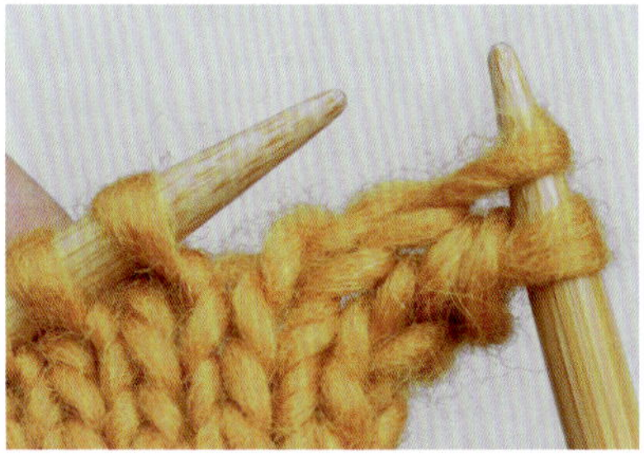

Eine M stricken und wie oben beschrieben weitermachen.

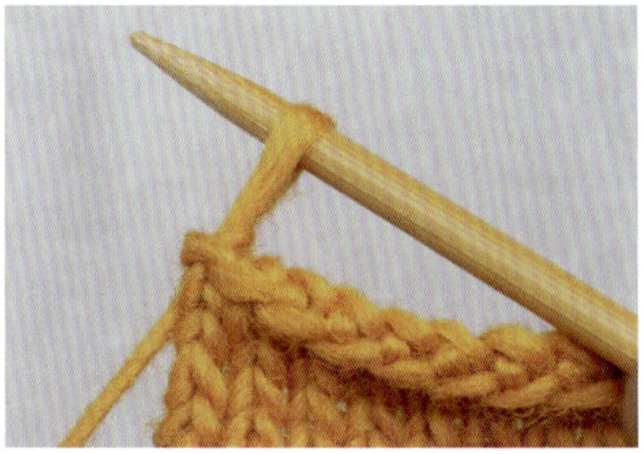

Die M solange übereinander ziehen, bis nur noch eine M auf der Stricknadel ist. Den Faden durch die M ziehen und abschneiden.

Elastisches Abketten

Diese Methode eignet sich sehr gut, wenn die Strickkante sehr dehnbar sein soll wie, z. B. für die Abschusskante eines Hundepullovers.

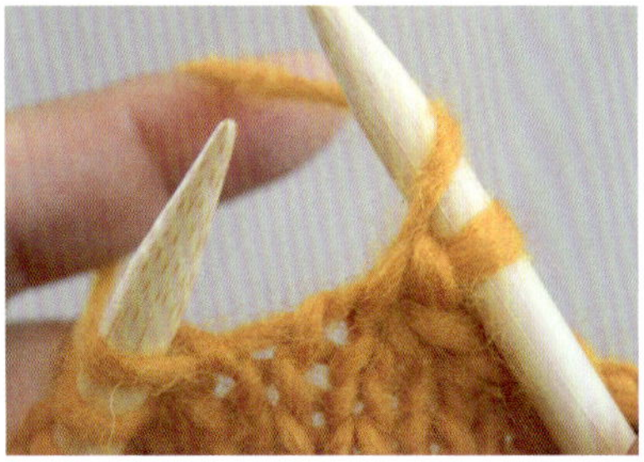

Eine M stricken und einen Umschlag machen, indem der Faden von vorne über die rechte Stricknadel gelegt wird.

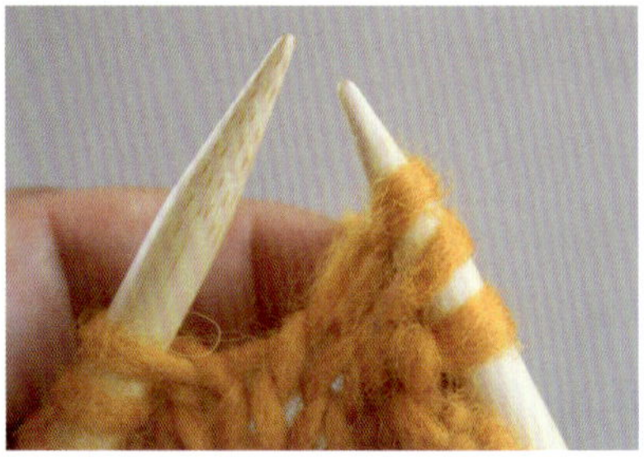

Eine M stricken.

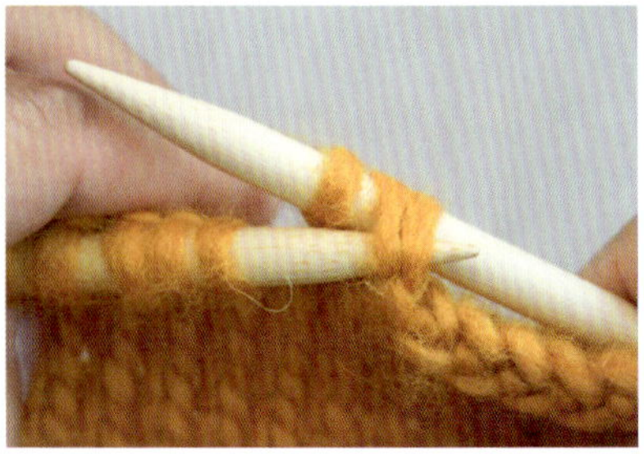

Den Umschlag und die erste gestrickte M über die zuletzt gestrickte M ziehen.

Unelastisches Abketten mit einer Masche

Diese Methode eignet sich gut, wenn die Strickkante sich nicht dehnen soll.

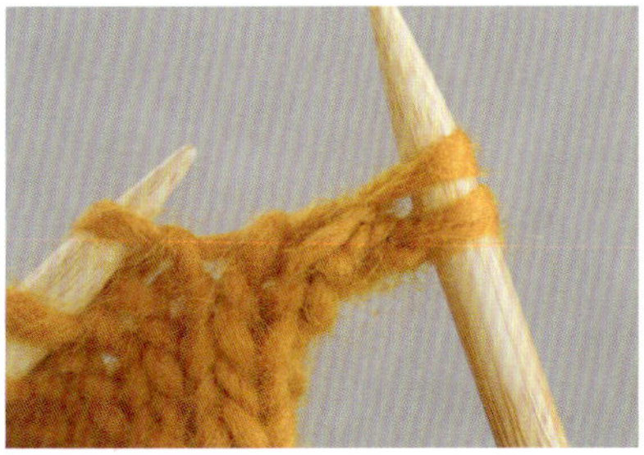

Zwei M stricken.

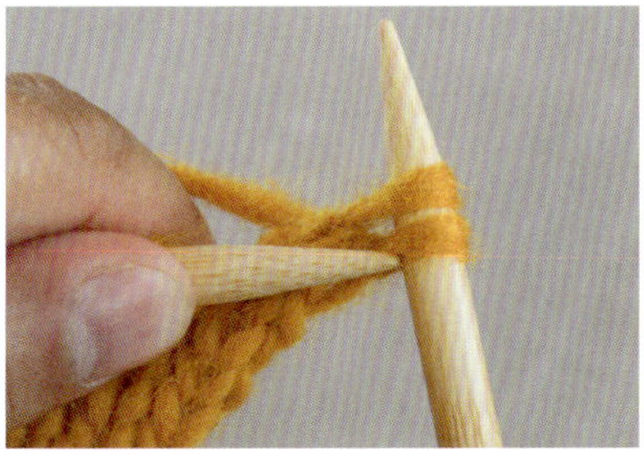

Die linke Stricknadel von rechts in die zuerst gestrickte M einstechen.

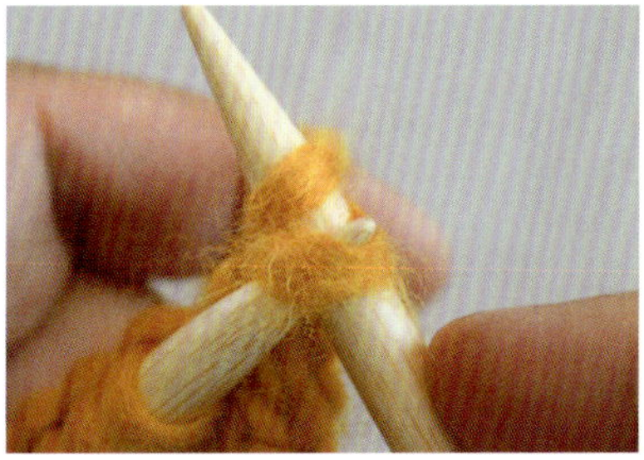

Die zuerst gestrickte M über die zweite gestrickte M heben.

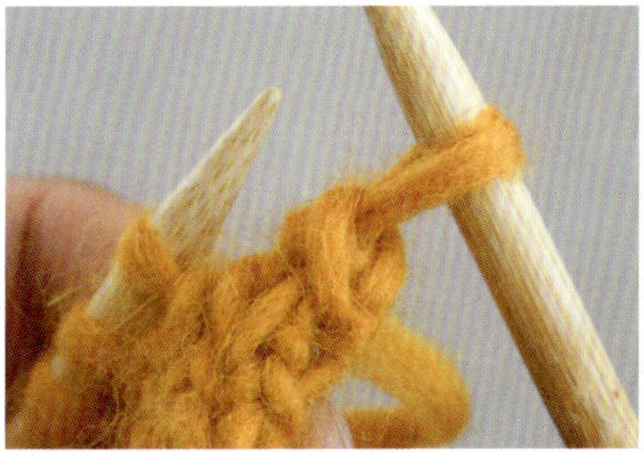

Jetzt ist eine M abgekettet.

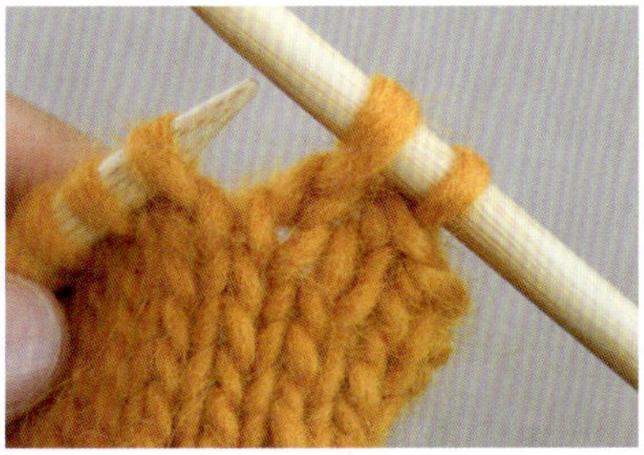

Eine M stricken und wie oben beschrieben weitermachen.

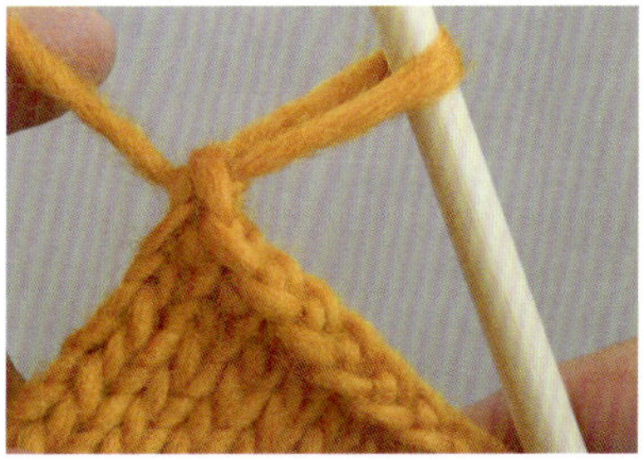

Die M solange übereinander ziehen, bis nur noch eine M auf der Stricknadel ist. Den Faden durch die M ziehen und abschneiden.

Schnüre stricken

So strickst du ganz einfach eine Schnur. Diese Technik wird für mehrere Spielsachen im Buch verwendet.

So strickst du eine Schnur mit 4 Maschen

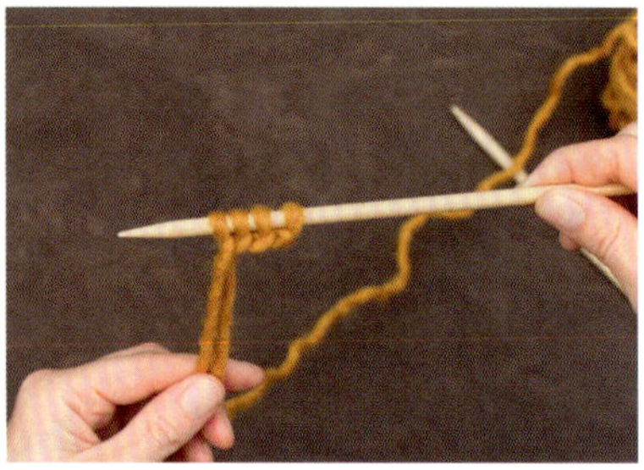

4 M auf einer Strumpfstricknadel anschlagen.

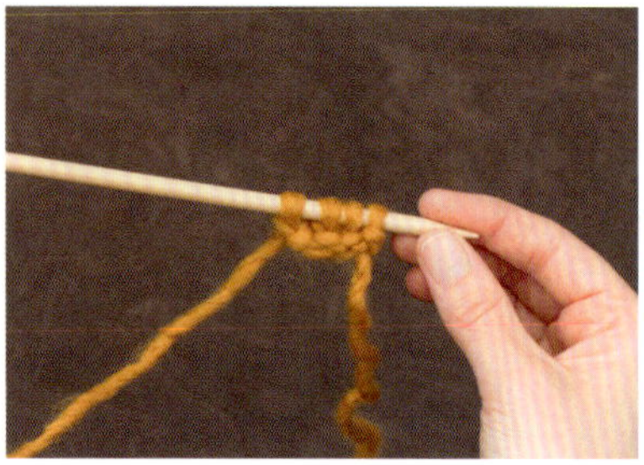

Schiebe die M auf die rechte Seite der Stricknadel.

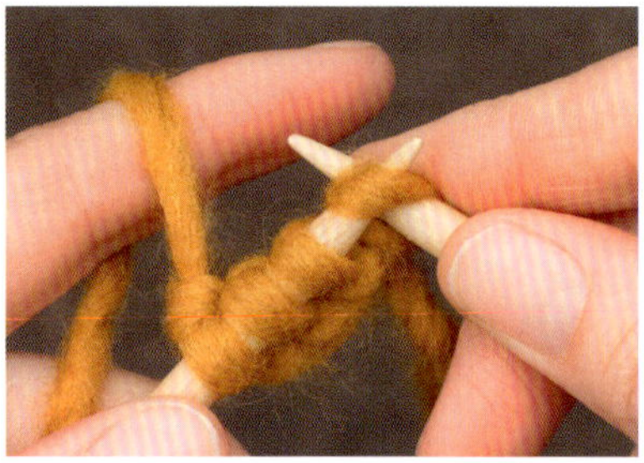

Stricke die M von rechts ab und ziehe den Faden an der ersten Masche fest an.

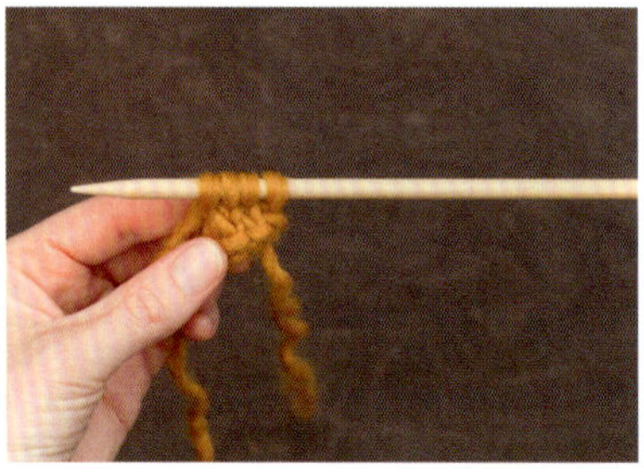

So sieht es jetzt aus.

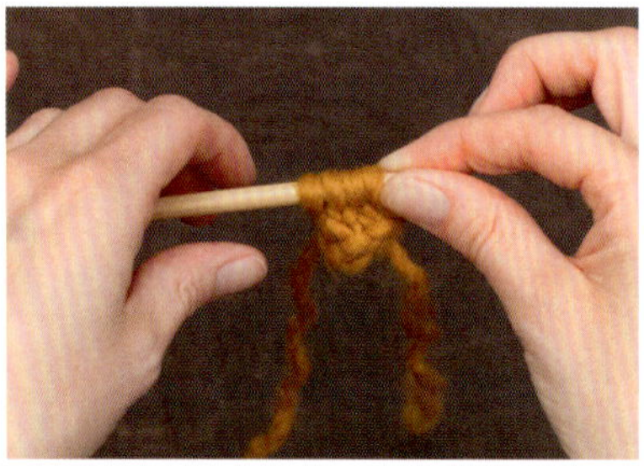

Schiebe die M wieder zur rechten Seite der Stricknadel.

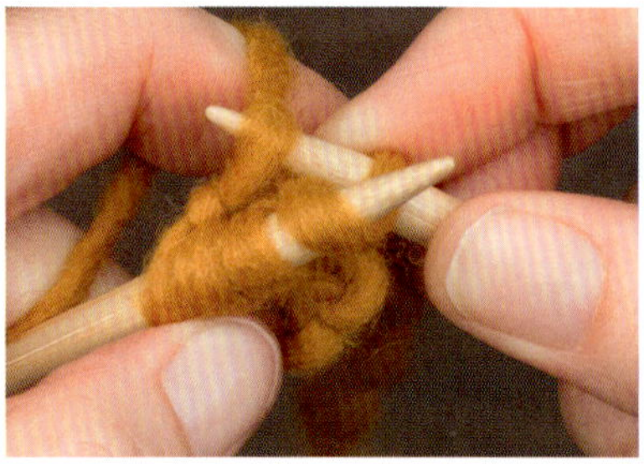

Stricke die M von rechts ab und ziehe den Faden an der ersten Masche fest an.

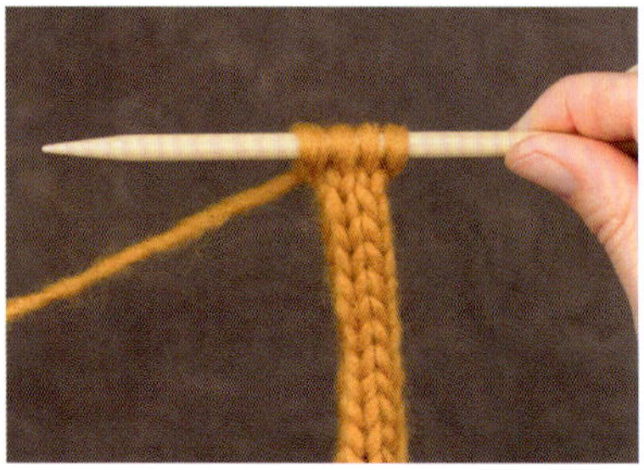

So lange weiterarbeiten, bis die gewünschte Länge erreicht ist.

Zöpfe stricken

Dieses ist ein einfacher Zopf über 6 M, von denen 3 M hinter die Arbeit gelegt werden. Das Verzopfen geschieht immer auf der rechten Seite. In diesem Beispiel sind 5 Reihen zwischen den verzopften Reihen.

So strickst du einen Zopf über 6 Maschen

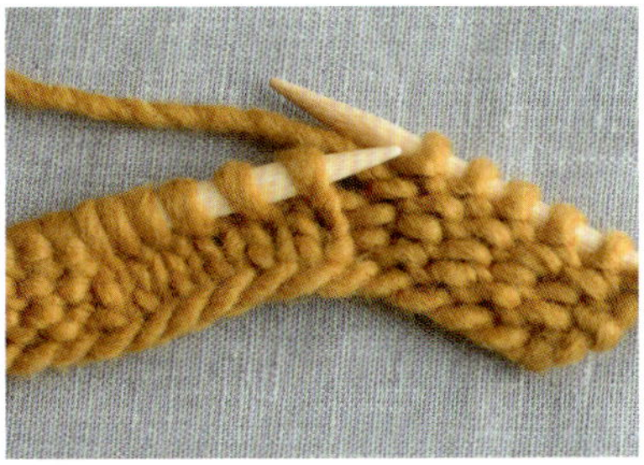

Vor und nach dem Zopf werden linke M gestrickt. Der Zopf selbst wird auf der rechten Seite rechts gestrickt, auf der linken Seite links.

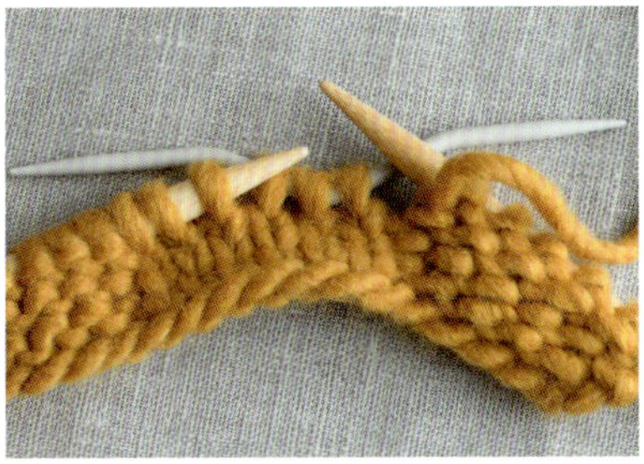

3 M auf eine Zopfnadel hinter die Arbeit legen.

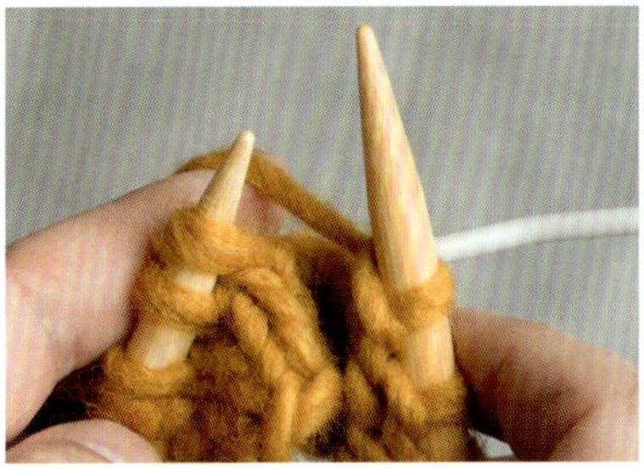

3 M rechts stricken.

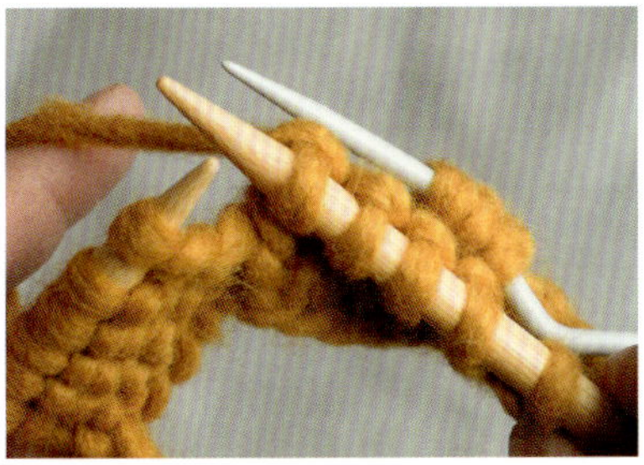

So sieht es jetzt aus.

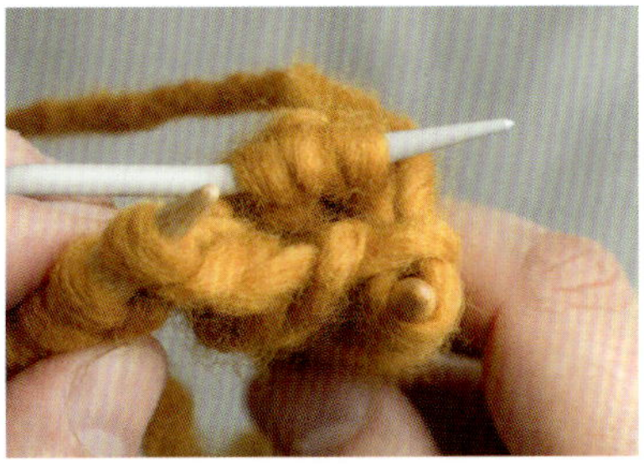

Schiebe die M der Zopfnadel auf die rechte Seite und ziehe sie zu dir.

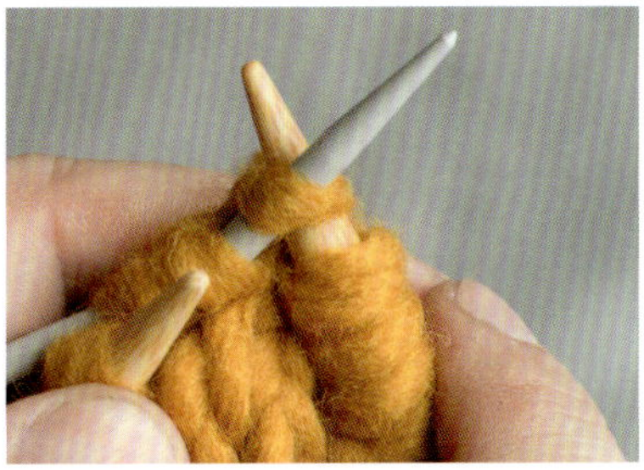

Jetzt die M von der Zopfnadel abstricken.

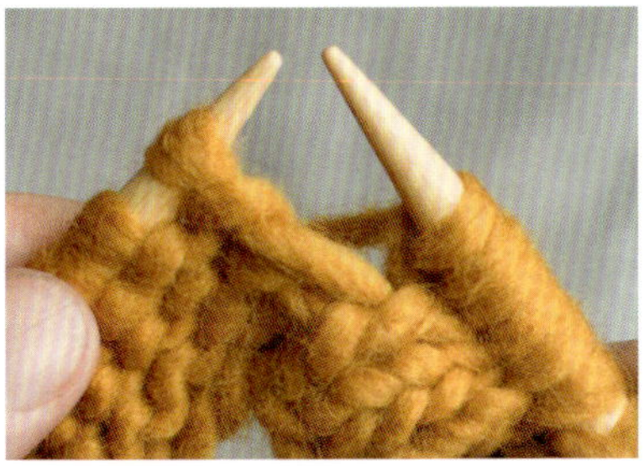

Die restlichen M links stricken.

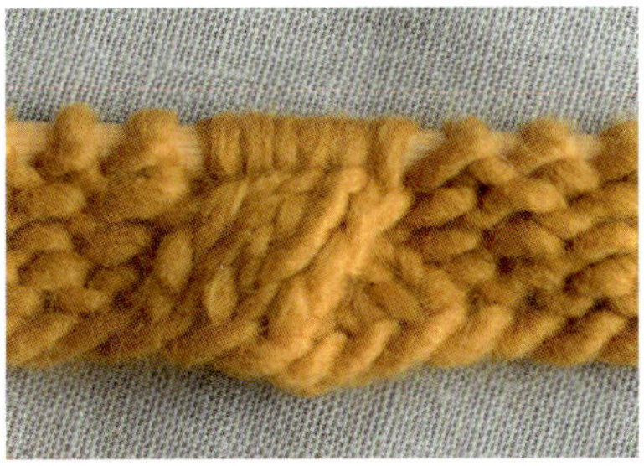

So sieht es nach der ersten verzopften Reihe aus.

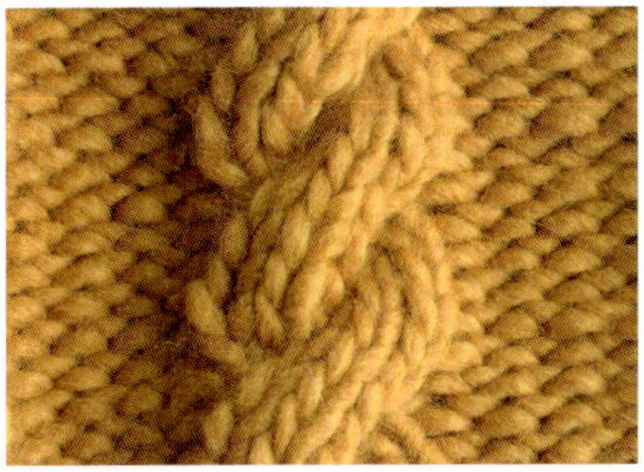

So sieht es nach mehreren verzopften Reihen aus.

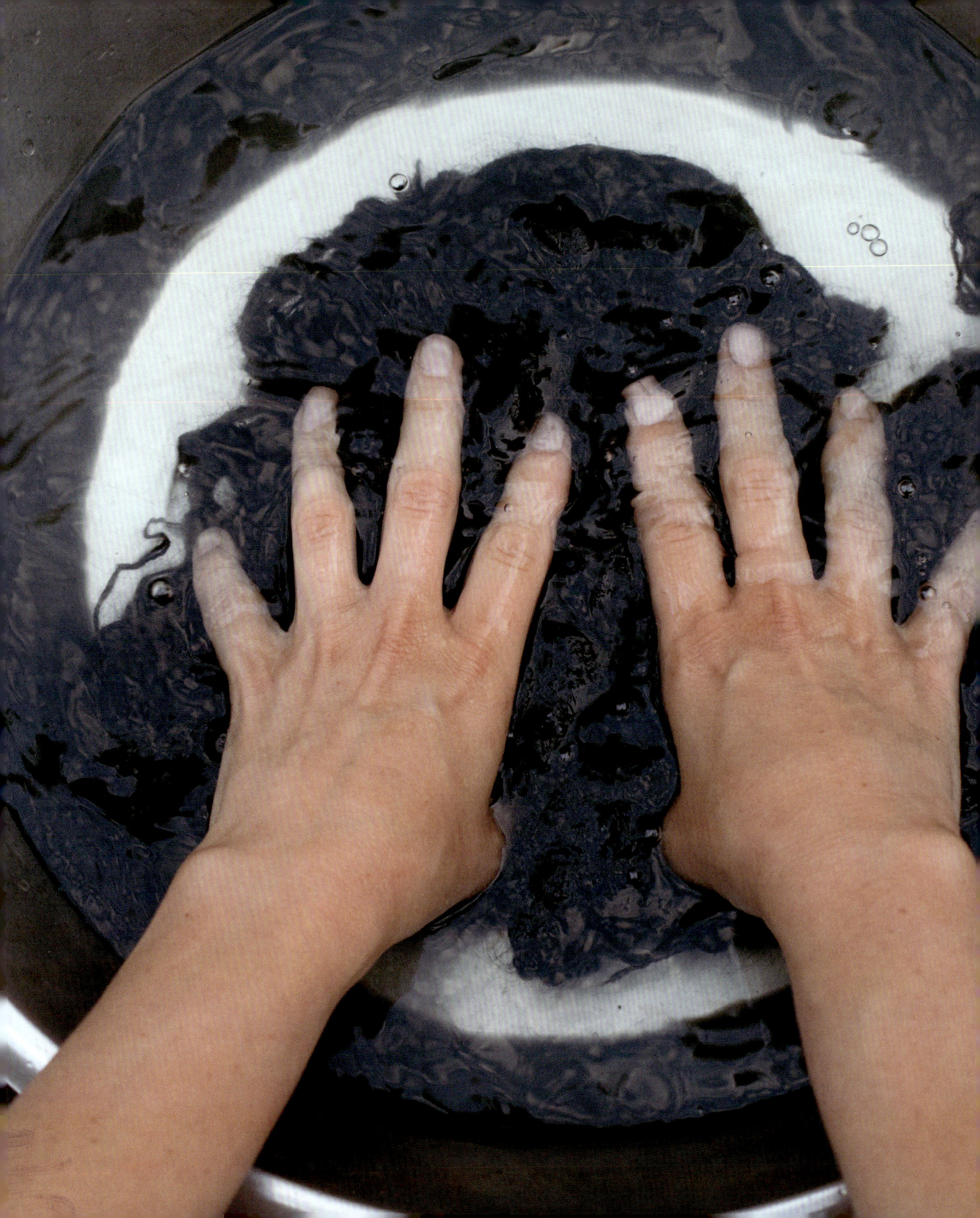

Pflege- und Waschanleitung

Alle Strickteile aus diesem Buch können sehr langlebig sein, wenn du sie nach diesen Anleitungen behandelst. Beachte immer die Pflege- und Waschanleitung auf der Banderole des Garnes. Darüber hinaus kommen hier ein paar allgemeine Ratschläge.

Handwäsche oder Maschinenwäsche?
Ich wasche Handgestricktes immer mit der Hand, aber hauptsächlich aus alter Gewohnheit. Eigentlich ist es so, dass das Wollwaschprogramm der Waschmaschine Kleidungsstücke viel weniger strapaziert als die Handwäsche. Schaue immer auf die Banderole des Garnes und folge den Anweisungen dort. Wenn du mit mehreren verschiedenen Garnen gestrickt hast, richte dich nach der Waschanleitung des empfindlichsten Garnes.

Material, das sich gut in der Maschine waschen lässt:
Baumwolle, Leinen, Viskose, superwash-behandelte Wolle und Seide.
Material, das am besten von Hand gewaschen wird:
Unbehandelte Wolle, Alpaka und Mohair.

Handwäsche
Wasche das Stück von Hand in lauwarmem Wasser, etwa 30 °C. Ein Fehler, den viele machen, ist es, zu warmes Wasser zu verwenden, also prüfe es gerne mit einem Thermometer. Benutze ein mildes Feinwaschmittel. Wasche vorsichtig ohne zu reiben und spüle mehrere Male. Das Wasser vorsichtig ausdrücken, das Stück aber nicht wringen.

Maschinenwäsche
Benutze ein Wollwaschprogramm mit 30 °C, wenn du nicht willst, dass das Gestrickte gefilzt wird. Nicht zu viel Waschmittel und keinen Weichspüler verwenden. Am besten ist ein flüssiges Waschmittel, weil sich das besser auflöst als ein Pulver.

Trocknen
Gestrickte Kleidungsstücke trocknen am besten liegend auf einem Handtuch. Es dauert, bis es getrocknet ist, das Handtuch sollte täglich gewechselt werden. Ein gestricktes Kleidungsstück sollte nicht in den Trockner, damit es nicht verfilzt.

Aufbewahren
Gestrickte Kleidungsstücke am besten liegend aufbewahren. Wenn sie auf einem Bügel hängen, können sie die Form verlieren und sich in die Länge ziehen. Lüfte Wollkleidung auch von Zeit zu Zeit.

Erste Hilfe vor dem Filzen
Trocken abbürsten und lose Teile entfernen, dann kann das Stück in der Maschine gewaschen werden. Wenn das gefilzte Stück ein Loch hat, kann man es mit einem unbehandelten Wollfaden zusammennähen. Dann kann es in der Maschine ohne Waschpulver und ohne Weichspüler bei 60 °C gewaschen werden und es zieht sich wieder zusammen.

Danke

Wie schön, dass du deinen Hund mit etwas Selbstgestricktem verwöhnen willst! Ich bin so froh, dass du mein Buch gekauft hast! Tausend Dank! Ich hoffe, dass du das Stricken genießt und dein pelziger Liebling das Resultat mag!

Tausend kuschelige Umarmungen meinen fantastischen Models, die alles gegeben haben und sich bei dem vielen Fotografieren von ihrer besten Seite gezeigt haben. Vielen Dank Kirro, Darki, Pelle, Charlie, Bonnie und Luna, dass Ihr so toll seid!

Ein großer Dank allen wunderbaren Hunden, Frauchen und Herrchen, die Modelle aus diesem Buch getestet, anprobiert und begutachtet haben.

Vielen Dank allen Teststrickern/innen für starkes und unschätzbares Feedback!

Ein besonders großer Dank an meine wunderbare Familie für Stricken, Aufmunterung, ihre geschmackvolle Beratung und ihren Pepp! Was würde ich ohne Euch machen! Ein spezieller Dank an dich, Lisa, für all deine Hilfe!

Danke an Alle im Ordalaget Buchverlag dafür, dass ich das Vergnügen hatte, ein sechstes Buch mit euch zusammen zu machen! Ganz fantastisch!

Großen Dank an Sandnes Garn für die tollen Garnknäuel!

Danke Allen, die mir in meinem Blogg, auf Youtube, bei Facebook und Instagram folgen. Eure Begeisterung und eure Kommentare wärmen mich mehr als die Sonne und machen mich so absolut unbeschreiblich glücklich.

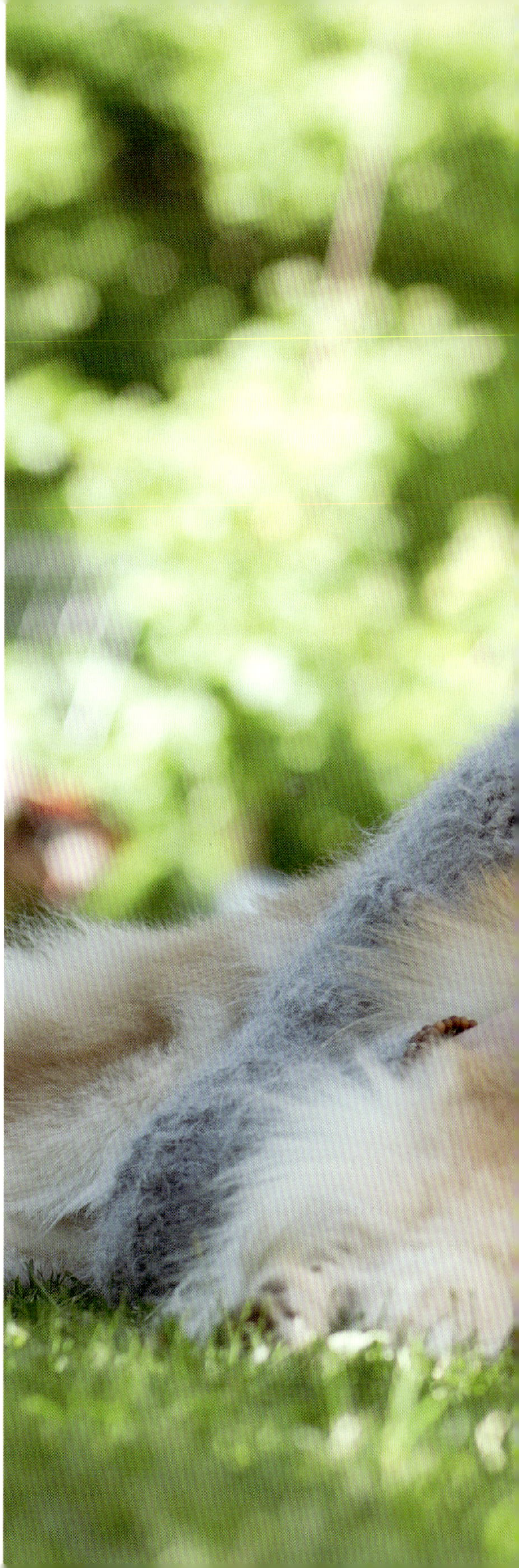

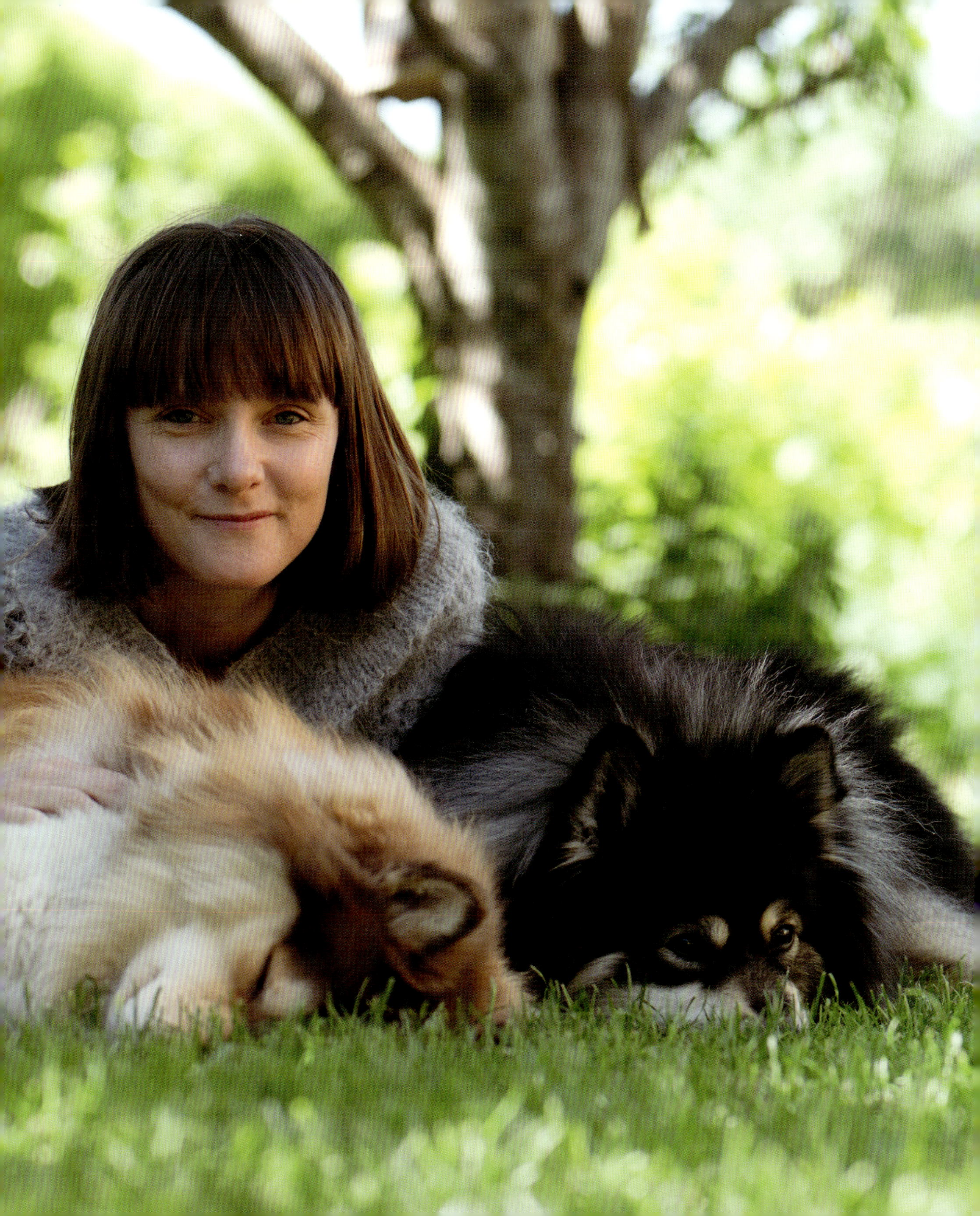

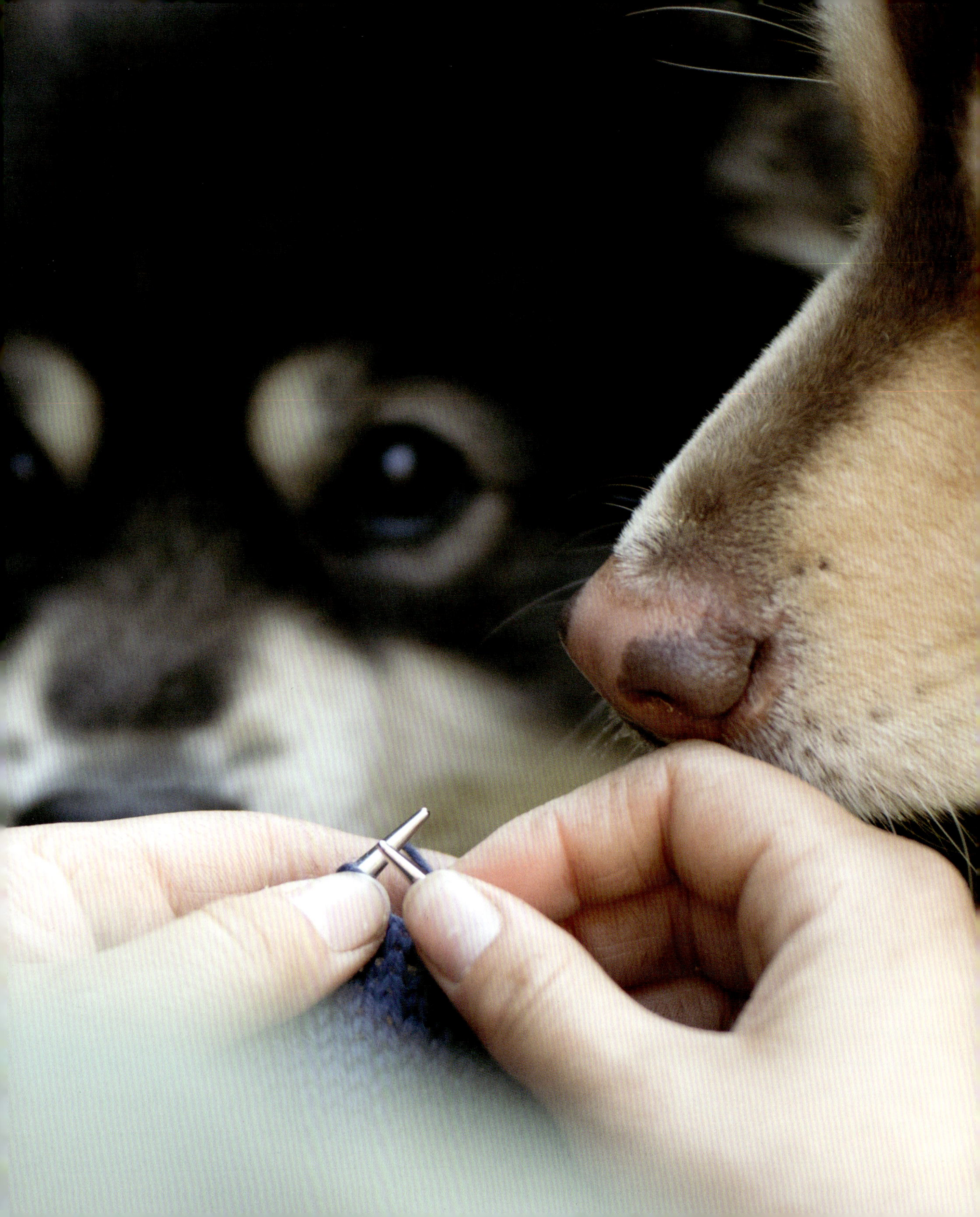

Impressum

Verantwortlich für die deutsche Ausgabe: Helgrid van Impelen
Originaltexte, Fotos, Grafiken, Muster: Stina Tiselius
Übersetzung: Dr. Sabine Blocher
Lektorat: Anna Maier
Korrektorat: Stephanie van der Linden
Satz: satz & repro Grieb, München
Umschlaggestaltung: Andreas Kersten
Herstellung: Kathleen Baumann
Druck: C&C Offset Printing

★★★★★

Sind Sie mit diesem Titel zufrieden? Dann würden wir uns über Ihre Weiterempfehlung freuen. Erzählen Sie es im Freundeskreis, berichten Sie Ihrem Buchhändler oder bewerten Sie beim Onlinekauf. Und wenn Sie Kritik, Korrekturen oder Aktualisierungen haben, freuen wir uns über Ihre Nachricht an Christophorus Verlag, Postfach 40 02 09, D-80702 München oder per E-Mail an lektorat@verlagshaus.de.

Unser komplettes Programm finden Sie unter

www.christophorus-verlag.de

In diesem Buch wird aus Gründen der besseren Lesbarkeit das generische Maskulinum verwendet. Weibliche und anderweitige Geschlechteridentitäten werden dabei ausdrücklich mitgemeint, soweit es für die Aussage erforderlich ist.

Die Deutsche Nationalbibliothek verzeichnet diese Publikation in der Deutschen Nationalbibliografie; detaillierte bibliografische Daten sind im Internet über http://dnb.de abrufbar.

ISBN 978-3-8410-6715-9

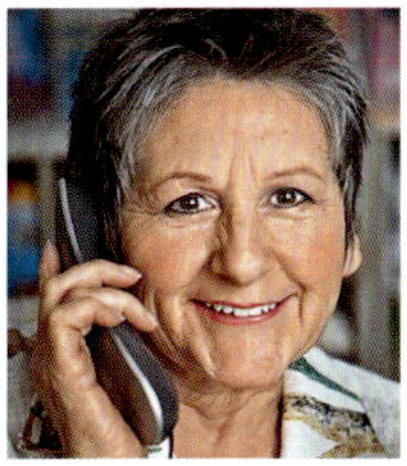

Kreativ-Service

Sie haben Fragen zu den Büchern und Materialien? Frau Erika Noll ist für Sie da und berät Sie rund um alle Kreativthemen. Rufen Sie an! Wir interessieren uns auch für Ihre eigenen Ideen und Anregungen. Sie erreichen Frau Noll per E-Mail: kreativ-service@c-verlag.de oder Tel.: +49 (89) - 13 06 99 - 577.

Besuchen Sie uns im Internet: www.christophorus-verlag.de & www.selbstgemacht.de